W0466574

Vom Land in der Mitte
Über Oberösterreich

Josef Pühringer (Hrsg.)

Vom Land in der Mitte

Über Oberösterreich

Trauner Verlag

INHALT

V UNVERGÄNGLICH VOR VERGÄNGLICHKEIT

LIEBE LESERINNEN, LIEBE LESER!

Ein Landeshauptmann sollte besonders gut wissen, was seine Landsleute bewegt. Und so sprach ich deshalb bei einer sich bietenden Gelegenheit mit dem Literaturredakteur des oberösterreichischen ORF-Landesstudios über meinen Plan, ein Buch herauszugeben, in dem sich einmal Oberösterreicherinnen und Oberösterreicher ausführlich über ihr Bundesland äußern könnten.
Mir war von Anfang an klar: Dieses Ansinnen ist verwegen. Denn Anthologien werden meist nur nach dem bemessen und beurteilt, wer und was darin nicht vorkommt.

Der Literaturredakteur aber beruhigte mich. Er riet mir, aus der Not eine Tugend zu machen. Ein buntes, luftig durcheinandergewürfeltes Buch, ohne jedwede Gliederung nach irgendwelchen Hierarchien oder Verdiensten, würde, mit Verzicht auf jeden ohnedies unsinnigen wie unmöglichen Anspruch auf Vollständigkeit, am ehesten passen. Also eine Kombination von Beiträgen, die von Oberösterreicherinnen und Oberösterreichern aus allen Berufen und Altersgruppen sowie von Autoren, Journalisten und Prominenten aus Kultur, Wirtschaft, Politik usw. spontan verfaßt werden.
Denn wer wolle behaupten, daß nur Autoren oder nur Prominente oder nur Journalisten oder nur Politiker etwas zu sagen haben?

Gerade in einer Zeit des rasanten Wandels und der Globalisierung bietet eine gewachsene Identität und Beheimatung vielen Menschen Orientierung. So kann ich Ihnen ein Buch mit 100 persönlichen Stellungnahmen von Oberösterreicherinnen und Oberösterreichern vorstellen, in dem sich Landsleute ihrem Bundesland aus ihrer ganz subjektiven Sicht nähern.
Ihre Meinung ist ebenso persönlich wie es notgedrungen die meinerseits getroffene Auswahl sein will. Sie werden kritische, witzige, ernste und besinnliche, humorvolle wie originelle Beiträge

finden. Zusammen ergeben sie einen Teil dessen, was das „Oberösterreichische" ausmacht.
Vollständigkeit war nicht beabsichtigt. Viele Namen fehlen, etwa Thomas Bernhard, Marlen Haushofer, Christoph Ransmayr und so weiter und so fort ...

Bei der Zusammenstellung der Beiträge entschied ich mich für eine Kombination von drei Ebenen. Zunächst wurden die Oberösterreicherinnen und Oberösterreicher über das „Neue Volksblatt" und über „Wir Oberösterreicher" aufgerufen und eingeladen, über ihr Bundesland zu schreiben. Aus den vielen Einsendungen wurden danach Beiträge ins Buch aufgenommen. Darüberhinaus habe ich Freunde, Bekannte und Persönlichkeiten des öffentlichen Lebens eingeladen, sich zu beteiligen.
Hinzu kommen die Beiträge von Autorinnen und Autoren, die ich zum Teil um Originalbeiträge ersucht habe, teilweise habe ich Texte aus bestehenden Publikationen übernommen.

Ich danke allen, die mich bei der Zusammenstellung dieses Buches unterstützt haben. Mein besonderer Dank gebührt hier dem ORF-Literaturredakteur Mag. Alfred Pittertschatscher.
Die Sammlung soll Anregungen zur Besinnung bieten und zeigen, worüber sich Oberösterreicherinnen und Oberösterreicher Gedanken machen, wenn sie über ihr Land schreiben.
Der überwiegende Teil dieser Anthologie besteht aus Originalbeiträgen und Erstveröffentlichungen. Im Quellenverzeichnis am Ende des Buches finden Sie Anregungen zur Weiterlektüre. Auch eine alphabetisch geordnete Übersicht über die Ortsnamen dient zu Ihrer Orientierung.

Viel Muße beim Lesen!

Ihr
Landeshauptmann Dr. Josef Pühringer

I

EIN STEIN IN DIESEM LAND

Friedrich Achleitner
ICH BIN STOLZ

ich bin stolz
ein oberösterreicher zu sein

nicht alle ober
sind österreicher

nicht alle österreicher
sind ober

aber

alle oberösterreicher
sind österreicher

und

nicht alle österreicher
sind oberösterreicher

jawoi

Johannes Eichhorn (12 Jahre)
DAS HECHTCHEN WAR SCHLAUER

Jetzt haben wir gerade Geographie. Unsere schöne junge Lehrerin fragt wieder alle Weltmeere ab. Am besten Bescheid wüsste ich über den Attersee, denn da bin ich im Sommer zu Hause. Ach ja, Sommerferien, nichts lernen müssen und Dinge tun, die lustig sind.

An einem schönen Mittwochmorgen in den letzten Sommerferien am Attersee klopfte jemand an die Tür. Ich sprang vom Frühstückstisch auf und öffnete schmatzend. Im Seefahreranzug lächelte mich mein Onkel Toni an und verkündete feierlich: „Hallo lieber Lieblingsneffe, ist heute nicht ein wundervolles Wetter zum Angeln. Möchtest du vielleicht mit mir in See stechen?" „Na klar, Onkel Toni, da braucht man doch nicht zu fragen." „Haha, das habe ich mir gedacht", gab sich mein Onkel weise. Meine Eltern waren auch einverstanden. Gemeinsam tranken wir noch Kaffee und dann beluden wir das Boot. Schließlich kam mein Onkel noch darauf, dass er seinen Kescher vergessen hatte. Also musste mein Vater uns einen Fischenterhaken leihen. Mein Onkel holte sich noch drei Flaschen Bier von meinem Großvater. Die brauchte er immer, um beim Rudern Energie zu tanken. Endlich stachen wir in See.
Die ersten zehn Minuten verfolgte ich jede Bewegung der beiden Angeln. Aber nach einer halben Stunde war mir schon etwas langweilig. Plötzlich bog sich die linke Angel. Aufgeregt sprang ich auf, mein Onkel ebenfalls. Er zog an der Angel und sagte, er spüre wirklich einen Anbeißer. Angestrengt blickte ich ins ruhige Wasser. Da, ganz undeutlich aber sicher, konnte ich einen Fisch sehen, der wie wild herumsauste. Onkel Toni sagte, das wäre ein mindestens 20-Kilo-Hecht, was ich auch schätzte. Als wir unse-

ren Erfolg bis auf einen halben Meter neben das Boot gezogen hatten, griff Onkel Toni zum Fischenterhaken. Er versuchte den Fisch am Bauch zu haken und zog kräftig an.

Ein Krach schreckte uns auf, dann wurde das Wasser wieder ruhig. Mit rotem Kopf setzte sich mein Onkel und sagte sehr leise: „Er hat den Wobbler ausgespuckt." Kleinlaut sagte ich: „Anscheinend", und setzte mich ebenfalls.
In weniger als einer Minute leerte Onkel Toni zwei Flaschen Bier. Dann fuhren wir schweigend, aber im Zickzack nach Hause. Diese Zickzackfahrt vergesse ich nie. Hätte er noch die dritte Flasche getrunken, wären wir vielleicht statt in Attersee in Weyregg gelandet.

Soeben hat die Geographie-Lehrerin meinen Namen gesagt. Was will sie wissen, eine Insel? Spontan sage ich: „Litzlberg". Alle lachen und das Läuten rettet mich vor einer weiteren Blamage. Die Geographiestunde ist aus.

Christian Schacherreiter

DIESER MIR DURCH HERKUNFT ZUGEWIESENE RAUM, AUS DEM ICH KEINEN AUSGANG FINDEN WOLLTE

Angesichts der Niedertracht, die dem Wort Heimat in der ersten Hälfte des 20. Jahrhunderts von Schurken, Zynikern und Unaufgeklärten zugefügt worden ist, bekannte ich mich viele Jahre lang ausschließlich zum Weltbürgertum, und das Wort Heimat sprach ich nur aus, um diejenigen zu verurteilen, die es missbraucht hatten. Jetzt freilich, angesichts der Zumutungen, die sich das Wort „Weltoffenheit" durch Profiteure der Globalisierung gefallen lassen muss, verändert „Heimat" Sinn und Wert, bezeichnet das Wort doch das Recht auf den gewählten und geliebten Raum, die Unentbehrlichkeit einer Identität, die wir uns durch Anwesenheit zulegen.

Seit einem Jahr schon arbeite ich an einem Buch, das mir Schwierigkeiten bereitet, weil sich jetzt Verklärung und Senitmentalität einstellen, wo früher Spott, Kritik oder Gleichgültigkeit waren. Weder das eine noch das andere will ich mir und den Lesern antun. Verstört durch die zeitgeistigen Aufforderungen ortlos zu werden, um für das globale Netz tauglich zu sein, wurde mir meine Bindung an bewohnte Räume bewusst, und ich spürte einen kräftigen Impuls, von der Raumzeit des Kindes zu schreiben, die längst vergangen, aber als innere Heimat gegenwärtig ist. Glücklich der Mensch, der in der Kindheit Beheimatung erfahren hat, und Fluch über diejenigen, die den Kindern Beheimatung verweigern.

Den Großteil meiner Volksschulzeit lebte ich mit meinen Eltern in der kleinen Innviertler Gemeinde Pramet: die Kuhställe, die Krapfen, die mir die Altbäuerin des Knirzingerhofs schenkte, die

Sonntagsausflüge auf den Pattighamer Hochkuchl zu Schmalzbrot und Himbeer-Libella, die langen Spielnachmittage in der Auleiten, das Kirchweihfest mit der Schiffschaukel, der Mundartdichter Hans Schatzdorfer, der mir - Wein trinkend - eine Geigenstunde gab, bevor er sich zum Bürgertag in Spindlers Gasthaus zurückzog, die alten, grünen Schulbänke mit Herzen und Pfeilen.- Meine innere Heimat, das sind diese Kindheitsjahre, die Jahre vor den lächerlichen Schrecken der männlichen Pubertät.

Nach der Schulzeit distanzierte ich mich, und das war gut so. Die Studienjahre, die neuen Erfahrungen, die anderen Lebensmodelle. Unentbehrlich alles. Aber ich bin wieder nach Oberösterreich zurückgekommen. In diesen mir durch Herkunft zugewiesenen Raum, aus dem ich keinen Ausgang finden wollte. Du musst nach Wien oder München gehen, wenn du als Kabarettist Karriere machen willst, sagte man mir. Ich wusste, dass das richtig war, aber ich bin mit meiner Familie in Oberösterreich geblieben.

Kurze Zeit später wollte ich ohnehin keine Karriere als Kabarettist mehr machen. Und für das, was ich wollte, fand ich in Oberösterreich ausreichend Raum: Orte des Geistes und der Kultur, an denen die Tradition nicht verhöhnt und das Neue nicht verteufelt wird; Orte des Dialoges und der Kritik, der Friedfertigkeit und Toleranz; aber auch die Raumzeiten des Genusses. Menschen zeigten mir, dass ihnen meine Arbeit wichtig ist, dass sie mein Denken und Reden mögen.
Was dem Buben die Prameter Auleiten und der Pattighamer Hochkuchl waren, das sind dem Mann das Stifter-Haus, das Landestheater, das Brucknerhaus, der Schreibtisch, die Bibliotheken, Orte des Gesprächs mit Freunden, der große Esstisch, an dem die Familie Platz genommen hat, vom Jüngsten bis zur Ältesten.

Oberösterreich ist mir zur Heimat im Doppelsinn geworden. Oberösterreich ist der Ort meiner Herkunft, die innere Heimat der erinnerten Kindheit. Und es ist der freundliche Lebens- und Schaffensraum des Erwachsenen.
So ist es - und so kann es bleiben, wenn nicht wieder die Schurken kommen, die Brandstifter und die Zyniker, die Kopflosen und die Unaufgeklärten, um in diesem Land alles zunichte zu machen, was mir (und anderen, auch ganz anderen) Heimat geworden ist.

Franz Josef Heinrich
OBERÖSTERREICH

OBERÖSTERREICH

jeder buchstabe
ein stein
von diesem land

jedes wort
ein stück erde
von diesem land

aus der erde
aus den steinen
wuchsen die worte mir zu

in diesem land

in der erde bei den steinen
soll mein mund
sich füllen mit staub

in diesem land

getröstet von rauschenden bäumen
von rauschenden flüssen
lege ich zurück meine worte

in die stummen gebete
der erde und steine
in diesem land

Brigitte Schwaiger
MEIN SPANISCHES DORF

Mein spanisches Dorf.
Über den Friedhofsberg geht es hinunter ins spanische Dorf. Wenn du von Linz kommst über Gallneukirchen und Neumarkt, oder von Rom über Linz, Gallneukirchen, Neumarkt, oder von Zürich über Linz und Gallneukirchen und Neumarkt und Lest, dann rutschst du vom Friedhofsberg hinunter ins spanische Dorf. Wenn ich Linz und Gallneukirchen und Neumarkt und Lest sage statt Linz, Gallneukirchen, Neumarkt und Lest, so bediene ich mich meiner Freiheit, die man mir in der spanischen Schule nicht gewähren würde.
Das spanische Dorf liegt nahe einer Grenze. Bevor du hinausgelangst auf die nördliche Straße, mußt du noch einen Friedhof passieren. Dort liegen russische Tote, grad so tot wie die spanischen Toten im südlichen Friedhof.
An der Grenze ermahnt dich der Stacheldraht: Wer nicht achtgibt, den erwischt die Kugel von der anderen Freiheit herüber.
(1980)

Frühe Einsicht.
Wo es noch grün ist, hört unser Vaterland auf, und dort, wo es gelb ist, das ist das Niemandsland. Und drüben, die Tschechoslowakei. Dort ist das Gras auch so gelb, weil der liebe Gott bei den Kommunisten nichts wachsen läßt, sagt die Schwester Dorothea.
(1980)

Hubert Feichtlbauer

IN FREIHEIT GEHEN UND HEIMKEHREN

Manche nennen es einen schwer erklärbaren Anachronismus, dass in einer Zeit der europäischen Integration so viel regionaler „Provinzialismus" aufbricht: letztes Aufbäumen einer todgeweihten Ordnung? Ich halte das für ein tragisches Missverständnis. Dass Hand in Hand mit einem Zusammenschluss zu größeren Einheiten eine Rückbesinnung auf historisch gewachsene regionale Zwischenräume erfolgt, ist logisch und sinnvoll. Es entspricht der Erkenntnis, dass der moderne Nationalstaat für große Entscheidungen zu klein und für kleine zu groß geworden ist.

So kommt es, dass das Zusammenwachsen der Völker zur Europäischen Union von einer verstärkten Selbstbesinnung auf regionale Einheiten begleitet wird und dass zum anderen ethnische Minderheiten in so gut wie allen Ländern Europas heute selbstbewusster denn je auftreten und auch ernst genommen werden. Keine politische Reformidee der letzten Jahre war so wirklichkeitsfremd wie die Anregung, Landtage und Landesregierungen zusammenzulegen. Es wäre ein Diebstahl an Heimatgefühl.

Man ist ein besserer Europäer, eine bessere Europäerin, wenn man ein zufriedener Österreicher, eine glückliche Oberösterreicherin ist. Jeder Mensch braucht einen überschaubaren Raum, der Geborgenheit und innere Sicherheit vermittelt: Heimat eben. Nicht immer muss Heimat ein Ort, ein Land sein. Nicht immer muss es sich um Herkunft von Geburt an handeln. Es gibt erste und zweite und auch rein geistige Heimaten. Nicht immer deckt sich Heimat mit politischen Grenzen. Aber immer ist Heimat mehr als eine Sache des Hirnes nur: Das Herz muss dabei sein. Vor allem das Herz.

Ich zögere seit vielen Jahren nicht mehr, Wien als meine zweite Heimat zu bezeichnen, in der ich mich sehr wohl fühle. Aber als zweite eben. Mein Herz schlägt noch immer (und jetzt in älteren Jahren besonders) in einem beschleunigten Rhythmus, wenn ich mich über sanfte Hügel dem Zentrum des Innviertels nähere. In Ried im Innkreis, „wo noch meine Schule steht, da kann es sein, dass eine Straßenkrümmung / die noch wie damals ist, geweihte Stimmung in mir erblühen macht wie ein Gebet," um mit Anton Wildgans weiterzureden.

Ein Kirschbaum ist für mich, auch wenn ich seiner Blütenpracht in Niederösterreich oder im Steirischen begegne, der "blüaháde Kerschbám" Franz Stelzhamers. Schöne Pferde erinnern mich in aller Welt an den Obernberger Rossmarkt am Josefitag. Der war auch für einen jungen Briefträgersohn immer ein Fest. Festefeiern ist eine Spezialität der Innviertler, die gewohnt sind, fleißig zu arbeiten, für erstrebte Ziele auch Opfer zu bringen, errungene Früchte aber auch herzhaft zu zelebrieren.

Mein Geburtsort Obernberg war bis zu meinem sechsten Lebensjahr und wieder ab dem dreizehnten ein Grenzmarkt. Immer haben wir neugierig über den Inn gespäht, während des Krieges „drüben" gebadet, 1945 die Panzer der US-Army drüberfahren sehen, später den schrittweisen Abbau der Grenze gefeiert: Wer an Grenzen lebt, tendiert zu deren Überschreitung. Heimatgefühl schließt Erlebniswelten ein, macht an Zollämtern nicht Halt.

„Dáhoam is dáhoam, wannst net fort muaßt, so bleib, denn d' Hoamát is ehnter der zweit Muaderleib": Die letzte Strophe unserer Landeshymne muß heute geistig ein wenig umtextiert werden. Im Übrigen hat das Carl Zuckmayer schon in seinen US-Asyljahren getan, als er den „Aber-Spruch" fabrizierte: „Der

Mutterleib aber, mein lieber Mann / ist auch kein Ort, wo man bleiben kann. / Er stößt dich hinaus, er zwingt dich ans Licht. / Er schenkt dir die Freiheit, ob du willst oder nicht."

Im Zeitalter umfassender Europa- und Weltbürgerschaft ist Daheimbleiben aus Prinzip keine Tugend und Fortgehen kein Abenteuer der Verzweiflung wie zu Stelzhamers Zeiten mehr. Wer freilich je die Freiheit des Gehens wahrgenommen hat, wird eine häufige Rückkehr und Heimkehr doppelt schätzen: zu den Wurzeln des „Kerschbáms in ewiger Blüah."

Hans Kumpfmüller
MIA OWAÖSDAREICHA

wonn
in
wean
a
owaösdareicha
iwa
de
mariahüfadrossn
ged
donn
kenn
i
den
scho
vo
ollawein
sogd
da
onggl
aus
wean
oiwei
wäi
de
hom
oiwei
eanan
schdeiraonzug
ou

via viadl
vadrogds
oans meara
& slandl hed
an deifesrausch

goidhaum
&
logahauskabbe
suabradl
&
kedschabb
sgemeindebladl
&
a deidsch
agrarschuarnal
&
billege
boin
za
da
oawad

am lond drausdd
weama
a mulddikuldurell

de oin mosddbam
hand a da londschofdd
sei xichdd
aus iss wonn wea
sei xsichdd amoi valiasd

Lena Auer
EIN BISSERL GRÖSSER ALS DER LIBANON

„Das können wir fast nicht glauben!" Das ist meistens die Reaktion meiner oberösterreichischen Freunde, wenn ich ihnen Genaueres über mein Land erzähle. Aber es stimmt. Meine alte Heimat, der Libanon, ist flächenmäßig kleiner als Oberösterreich. Und doch ist er immer wieder in den Medien der ganzen Welt. Bis 1991 als vom Bürgerkrieg gequältes Land - sechzehn Jahre lang - heute als ein wichtiger Faktor für einen lange herbeigesehnten Frieden im Nahen Osten. Manchmal mache ich mit Bekannten ein kleines Gedankenexperiment. Stellt euch vor, sage ich ihnen dann, wir sitzen hier in Linz im Kaffeehaus, und im Salzkammergut fallen Bomben und schlagen Granaten ein. Verrückt! Aber leider macht das die Situation aus, in der sich meine Familie auch heute noch manchmal befindet, nach triftigen Gründen für die Gewalt zu suchen, das haben wir uns im Laufe der Zeit weitgehend abgewöhnt. Oft wundere ich mich darüber, wie leicht sich manche Leute hier damit zu tun scheinen. Damit kein Irrtum entsteht: ich bin damals, im November 1985, nicht vor dem Krieg in meiner Heimat geflüchtet. Vier Jahre lang hatte ich in den Arabischen Emiraten gearbeitet, zuletzt in der Hotelbranche. Und gerade in dieser trifft man ja überall in der Welt auf Österreicherinnen. Eine Arbeitskollegin im Hotel Intercontinental in Al-Ain hatte mir von der berühmten Fremdenverkehrsakademie in Salzburg-Kleßheim erzählt und mir geraten, mich dort zu bewerben. Also nichts wie auf nach Austria! An den drei Sprachen, die ich damals beherrschte, Englisch, Arabisch und meiner Muttersprache Armenisch, wäre es sicher nicht gescheitert, auch nicht an meiner beruflichen Erfahrung. Aber man wollte ganz bestimmte Zeugnisse sehen, aus dem Heimatland, die gab es damals natürlich schon lange nicht mehr, die meisten Schulen wurden ohnehin nur mehr provisorisch und unter vielen Gefahren aufrecht erhalten. Nun saß ich da in Kuchl, einem malerischen Ort südlich von Salzburg, und schaute aus meinem kleinen Pensionszimmer auf die immer dichter fallenden Schneeflocken, lautlos, wirklich lautlos, das war das Erstaunlichste für mich. Nicht, dass es im Libanon keinen Schnee gäbe, oh ja, die Gipfel unseres Gebirges sind bis zu 3000 Meter hoch. Da muss sich auch der Dachstein ganz schön anstrengen! Aber ich selbst hatte meinen späteren Ehemann, der mich als echter Österreicher natürlich sofort auf Schi stellte und nach einem Kürzestkurs auf eine verschneite Almhütte mitnahm. Wie im Film. Leider nicht ganz. Denn von da an begann für mich der Weg durch die Behörden.

Verlängerung des Visums, Aufenthaltsgenehmigung beantragen, warten, Informationen bekommen und auch nicht bekommen. Papiere übersetzen und beglaubigen lassen. Bitter ist, wenn man von einzelnen Beamten jeweils nur einen Teil der ganzen Information bekommt, für den anderen ist ja wieder ein anderer zuständig. Das bedeutet jedenfalls Laufereien und nicht selten Demütigungen. „Was, aus Libanon kommen Sie, ah, vom Gaddafi!" „Nein", sage ich, „aus Beirut, das ist in Asien!" „Ah, nicht in Afrika, na ist ja eh fast dasselbe." Später habe ich gehört, dass es viele Österreicher gibt, die sich ziemlich aufregen, wenn irgendwo Austria mit Australia verwechselt wird. Aber ich will nicht so streng sein mit den Österreichern. Es hat mich ziemlich überrascht, wie viele über mein eigenes Volk, die Armenier, und seine Leidensgeschichte Bescheid wussten. Sie hatten „Die vierzig Tage des Musa Dagh" von Franz Werfel aufmerksam gelesen.

Beruflich ging es in Oberösterreich anfangs überraschend gut. Meine ausländischen Arbeitszeugnisse wurden anerkannt, und ich wurde zu verschiedenen Kursen im BFI zugelassen, die ich mit großem Ernst absolvierte. Obwohl ich keinerlei Beziehungen

hatte, fand ich einen guten Job in einer bekannten Firma in Haid. Leider ereilte sie nach ein paar Jahren der Teilkonkurs, und so stand ich wie viele meiner Arbeitskollegen auf der Straße. Arbeitslos zu sein ist schlimm, als Ausländerin arbeitslos zu sein ist furchtbar. Dabei war ich längst keine solche mehr, ich hatte doch schon 1989, drei Jahre nach meiner Heirat, meine Staatsbürgerschaft bekommen. Wie hatte der nette ältere Herr bei der Landesregierung gesagt? „Wir sind glücklich, eine charmante Österreicherin zu gewinnen!" Aber ein Akzent bleibt, und damit die Nervosität vor jeder telefonischen Terminvereinbarung - tut uns leid, und aufgelegt -, vor jedem Vorstellungsgespräch. Das Image zeigt sich in der unschuldigen Frage einer Oberösterreicherin: „Was machst du in der Firma, arbeitest du, oder bist du im Büro?" Meine Antwort: „Ich arbeite im Büro."
Gott sei Dank sind viele so ermutigend wie jene Dame in einem Geschäft: „Seien Sie unbesorgt, wenn wir Oberösterreicher in Vorarlberg sind, verstehen wir auch nicht alles." Danke! Und ein herzlicher Dank auch an die vielen Freunde, die ich in meiner neuen Heimat gefunden habe, in Oberösterreich, das „ein bisserl" größer ist als der Libanon!

Hans Eichhorn
AM ATTERSEE

STELLE GEWECHSELT, DER SONNE INS AUG,
die flinken Hände rudern und schwimmen den See,
ausgegossen Kirschbaum, Biertischgarnitur,
weggesegelt mit Booten, die da heißen: Drache,
Pirat oder Yngling. Gahberg und Hongar in
klarer Fernsicht. Trockenwetter, Wurfnetzspiel.
Dunkle Moospolster auf dem Eternitdach.
Es hagelt Augenblicke. Vereinzelte Vogellaute brüten
in der Sonne. Verschweißte Strohballen bilden eine
grüne Linie am anderen Ufer. Blind vor Hitze. Blind
vor Kälte. Das Dazwischen hält den Atem an und träumt vom
Sprung in den Schiffsbauch. Der Traum ist bunt,
er geht niemals zu Ende. Langsam wächst der
Schatten des Hauses über den Kopf.

JEDER WINKEL IST AUSGELEUCHTET,
die Ansichtskartenlandschaft ausgedruckt, das
Holzruderboot wiegt das Paar, bewegt das Wasser.
Eine Nußschale ineinanderverkrochener Blicke.
Üppigkeit in jeder Farbnuance, selbst das Türkis nimmt dich
auf den Arm, verlegt dir die Ohren, stoppelt
dir die Nase zu. Mit geblähten Segeln zischen die
Boote als Ungeheuer über den See.
Kein Setzkescher, kein Zementsack holen sie ein.
Blätter und Früchte wirken staubig, Wind und
Wärme haben sie durstig gemacht. Gegerbte
Gesichter, Blickblitze wie nebenbei ins Dekolleté
des Badebetriebes. Langer Atem im Schatten des
Kamins und die schwitzenden Gedanken.

Dionys Lehner
WEGE DER DYNAMIK

Nach Oberösterreich bin ich Ende 1977 gezogen, um eine Aufgabe bei der Linz Textil zu übernehmen. Der Aufenthalt war für maximal 3 Jahre geplant. Nun sind daraus schon gute 22 Jahre geworden, und Oberösterreich ist nicht nur mein beruflicher, sondern auch mein persönlicher zentraler Lebensraum geworden. Es ist mir nicht schwergefallen, mich in Oberösterreich und Linz rasch heimisch zu fühlen. Gegend und Mensch erinnern mich manchmal an die Schweiz. Fleiß und Handschlagqualität der Menschen sind ähnlich, aber vielleicht noch ergänzt um ein „gewisses Mehr" an Intuition und einer besonders guten Fähigkeit, die Werte der Freizeit und die Werte des Berufslebens zu integrieren.

Neben den Menschen ist für mich die Landschaft und Natur wichtig und bedeutend. Ich wandere für mein Leben gerne und freue mich an der Vielfalt der Natur. In diesem Punkt kann Oberösterreich Menschen echt verwöhnen. Gerade in der heutigen Zeit reicht es aber nicht, nur von angenehmen Menschen und einer schönen Natur zu sprechen. Es ist auch wichtig, dass die Menschen in ihrem Umfeld etwas erreichen können. Hier verdient Oberösterreich eine „Bestnote". Das Absorbieren der großen Zahl freigewordener Arbeitsplätze der verstaatlichten Industrie in die private Wirtschaft ist meisterhaft geglückt und auch die verstaatlichte Industrie hat selbst neue Wege der Dynamik gefunden.

Ich bin dankbar, dass durch dieses Umfeld mein eigenes berufliches und persönliches Leben hier mehr erfüllt worden ist, als ich mir das vielleicht in jungen Jahren vorgestellt habe.

waltraud seidlhofer

....JEDENFALLS DAS FLIESSEN

vorerst der fluss, die bewegung, und manchmal, frueher,
im winter, die eisstoesse, eisbloecke die donau hinunter.
im zentrum die stadt, umgeben von den biographischen
orten:
puchenau traun wels thalheim urfahr.
die gereihten erinnerungen:
brueckenwege, schienen und felsen.
und die linien der geschichte, die sagen, nach den
vierteln des landes geordnet:
donausagen, die ziehen schiffe stromaufwaerts und - abwaerts,
darunter die wassermaenner die nixen, dreizack, und
fliessen die haare wie pflanzen wie faeden unter der
flaeche der wellen.
kohleschiffe, das schleppschiff die kaehne, die bunten
faehnchen an schnueren gespannt.
oder:
heute, das land, vor allem die stadt, aus der ferne
betrachtet, sich selbst in die ferne versetzt, und
von dort aus versucht, die stadt und das land zu
erinnern:
von bahnen durchzogen und strassen, die wege der fluesse,
und seen.
dazu die huegel, nach norden, und im sueden der foehn,
bergketten, in die naehe geholt.
dies alles, immer wieder beschrieben, details und passagen,
in die texte gepasst, und die vorstellung der erinnerten
stadt:
hallen fabriken, konstruktionen, etwas abgesetzt, an den stadt-
rand gerueckt.

kompaktes bild einer stadt, die tuerme der kirchen,
natuerlich, statische spuren in der veraenderung,
der ausdehnung, der variation.
fixpunkte, netze von orten, an denen sich die gewoehnung
orientiert.
dazu die zunehmende zahl der lichter und haeuser, weit
in die hoehe gebaut, die bunten graffiti.
laser und licht, farben ueber die donau gezogen,
skulpturen aus eisen, beton.
aus der ferne betrachtet:
geschlossenes bild des landes der stadt, in der ent-
fernung der zeit, im spielgel von texten, von eigenen auch,
jahre zurueck, ein damaliges bild, geschnitten in die
gegenwart und die plaene der zukunft, computersimulationen,
all die prospekte, postwurfsendungen und die panoramen,
unter glas, die koepfe darueber gebeugt.
so kreisen und fliessen im kopf das land und die stadt,
aus der ferne beschrieben, aus der fiktion einer endgueltigen
abreise, oder zumindest fuer jahre, vielleicht.

Franz Rohrhofer
EIN REIZVOLLES KONTRASTPROGRAMM

Zunächst: Mich hat keiner gefragt, ob ich Oberösterreicher werden will. Ich wurde ungefragt in dieses Land, präzise: in seine Landeshauptstadt hineingeboren. Schuld sind einige Vorfahren, die als Zuwanderer aus verschiedenen Gegenden der alten Monarchie ausgerechnet Linz zum Treffpunkt wählten, um mir zwei Generationen später den Adel des gebürtigen Oberösterreichers zu verleihen, genaugenommen fließt, wenn ich richtig rechne, nur zu einem Viertel das blaue obderenns'sche Blut in meinen Adern. Darf ich trotzdem weiterschreiben? An Verlockungen, dem Land meiner unmittelbaren Vorfahren den Rücken zu kehren, fehlte es dank latentem Fernweh nicht. Spätestens nach dem Studium in Wien - wie schön, dass es noch keine Linzer Uni gab - lag die ganze Welt vor mir. Oberösterreich lag klar hinter mir. Da ereilte mich das Journalistenschicksal in Form eines Angebots. Ich wurde ein zweites Mal Oberösterreicher, diesmal gefragt und freiwillig. Ich bin es geblieben bis heute und habe es nicht bereut.

Was bindet mich an dieses Land? Sicher der Beruf. Das klingt eigentümlich, denn ein Journalist könnte überall in der Welt arbeiten. Er lebt aber von seinen Kontakten und seinem Informations-Netzwerk, von seinem Detailwissen um Zusammenhänge und Beziehungsgeflechte in einem Gemeinwesen. Das ist ein Kapital, das man nicht leicht aufgibt, um anderswo von vorne zu beginnen. Doch dieses journalistische Geheimwissen allein reicht wohl nicht zur Erklärung, warum ich letztlich hängen blieb. Es muss schon auch an dem Land selbst und seinen Menschen liegen, dass ich heute nirgends sonst wo leben möchte.

Oberösterreich ist ein Kontrastprogramm. Das macht seinen Reiz aus, macht es reizvoll und seine Menschen bisweilen reizbar. Das beginnt beim Wetter, das in jedem Tal anders sein kann. Und zieht sich über die Topographie zwischen Dachstein und Donauauen bis zu den Bewohnern der Viertel und Landstriche mit ihren ausgeprägten und gegensätzlichen Charakteren. Oberösterreich lebt mit seinen Kontrasten. In diesem Programm ist für vieles und für alle Platz, für Kubin und für Kitsch, für Möst und für Moik, für Ars electronica und Grottenbahn, für Musiktheater und Perchtenlauf, für Brucknerhaus und Bauernbühne.

Oberösterreich schöpft Kraft aus seinen Kontrasten. Gegensätze erzeugen Spannung und damit Energie, die sich bisweilen heftig entlädt. Nach Blitz und Donner ist die Luft wieder klar und reif für kreative Lösungen. Der Oberösterreicher in seiner Gegensätzlichkeit kann stur sein, um etwas zu erreichen. Dafür raunzt er weniger und gibt selten auf. Das gibt ihm das Gefühl der Überlegenheit gegenüber jenen, die da irgendwo im Osten sich für den Nabel der Welt halten.

Sich in dieser Charakteristik selbst wieder zu finden, ist der erste Schritt, sich zu Hause, in der „Heimat" zu fühlen. Das Kontrastprogramm Oberösterreich ist täglich gut für neue Überraschungen. Das macht es so spannend, in diesem Land zu leben.

Gottfried Glechner
GLÜCKLICHES OBERÖSTERREICH

Einige Jahre nach dem Ende des Zweiten Weltkrieges habe ich als Deutschprofessor an einem oberösterreichischen Gymnasium meinen Schülern der Oberstufe einmal das Aufsatzthema „Glückliches Oberösterreich" gegeben. Sie haben viel Gutes über ihre Heimat geschrieben: Oberösterreich ist ein schönes Land, ein Bauernland, ein Land der Industrie, ein gesundes Land, es zeigt alle denkbaren Landschaftsformen, es wird geliebt.
Tiefer als meine Schüler habe wohl ich selbst es gefühlt und empfunden: ich habe es am eigenen Leib erlebt und bin zutiefst davon überzeugt: Oberösterreich ist ein glückliches Land!

Ich habe den Zweiten Weltkrieg vom ersten bis zum letzten Tag und dann noch eine kurze Kriegsgefangenschaft mitgemacht. In den ersten Jännertagen des Jahres 1945 hockte ich als Vorgeschobener Artilleriebeobachter in vorderster Front in einem edlen Erdloch auf dem einzigen kleinen Brückenkopf, den die deutsche Wehrmacht noch östlich der Weichsel hielt. Es war ein Todeskommando, denn wir wussten, dass die russische Generaloffensive unmittelbar bevorstand. Das Ende des Krieges war abzusehen und der Einbruch der feindlichen Armeen in unsere Heimat unabwendbar.
In dieser verzweifelten Lage tauschten wir alten Kriegskameraden unsere Heimatadressen untereinander aus. Wir suchten auf der Landkarte des Großdeutschen Reiches nach einer Gegend, die vielleicht am spätesten von den Wirren des Krieges und dem Chaos des Zusammenbruchs überspült werden könnte.
Viele tippten auf das Grenzgebiet zwischen Bayern und Österreich. Und meine norddeutschen Kameraden entzifferten und buchstabierten den Namen, der dort auf der Karte stand –

„Oberdonau". Unser Oberösterreich!
Mehrere Kameraden, deren Heimatstadt bereits in Trümmern lag und deren Familien irgendwo, oft weit weg, eine vorläufige Unterkunft gefunden hatten, notierten sich jetzt meine oberösterreichische Heimatanschrift. Dorthin wollten sie sich wenden, schriftlich, wenn das allgemeine Chaos über uns hereinbrechen würde.
Wir wissen es heute: genauso ist es gekommen! Die Kriegsereignisse, die Kriegshandlungen reichten im Westen genau bis zum Inn, im Osten genau bis zur Enns! Oberösterreich blieb - beinahe als einzige deutsche Landschaft - vom gewaltsamen Eindringen fremder Heere verschont!
Ich wurde damals am 11. Jänner 1945, einen Tag vor der Generaloffensive der Russen, von dem Brückenkopf jenseits der Weichsel abkommandiert und bin so - ich muss befürchten: als einziger von meiner ganzen Einheit - mit dem Leben davongekommen.
Und das Land Oberösterreich? - Es ist beinahe als einziges von allen Gebieten des Großdeutschen Reches nicht von feindlichen Armeen erobert, gequält und gedemütigt worden. Erst nachdem der Friede ausgerufen war, betraten fremde Soldaten unsere Heimat. - Glückliches Oberösterreich!

Klaus Czempirek
UBI BENE, IBI PATRIA

Kosmopolit, Europäer und Österreicher bin ich, Oberösterreich ist mein Zuhause, dort, wo es mir „gut geht" (Cicero), dort, wo ich „beglückt" bin (Schiller). Diese Bindung zum Land Oberösterreich hat vor allem zwei Kräfte: eine emotionale (damit eigentlich virtuelle) und eine reale.

Ohne mit einer solchen Aussage einen wissenschaftlichen Nachweis anzustreben, scheinen Menschen mit weit verzweigten Wurzeln ihrer Familie besonders „anfällig" zu sein, letztlich eine ursprüngliche Wahlheimat zur Heimat zu machen. Der Begriff „Heimat" ist natürlich weder ethnisch noch national zu sehen - ein Hinweis der gerade heute notwendig ist. Er ist mehrheitlich der Ausdruck einer emotionalen Bindung. Als Ergebnis einer schnellen Selbstanalyse kann ich solche Überlegungen auch auf meine eigene Beziehung zu Oberösterreich anwenden:

Die weit verzweigten Wurzeln meiner Familie reichen nach (vor 1920) Baden Württemberg, Nordrhein-Westfalen, Hessen in Deutschland (mütterlicherseits) sowie nach Tschechien und Niederösterreich (väterlicherseits). In Waizenkirchen geboren, in Haag am Hausruck aufgewachsen (beides Hausruckviertler Orte) landete ich in Linz (Besuch der Bundeshandelsakademie, viele Jahre beruflicher Tätigkeit in der Voest, bzw. Voest-Alpine, freiberufliche und universitäre Tätigkeiten).

Eine zusätzliche Kraft zur Entwicklung des eingangs festgestellten Heimatgefühls liegt auch in den vielen Reisen aus der Stadt Linz bzw. nun aus Leonding hinaus und der Rückkehr dahin. Gründe waren die universitäre Ausbildung und die beruflichen

Tätigkeiten. Wien, Burgos, Antwerpen und Brüssel waren Stationen längerer Bleibe, etwa 70 Länder unseres Globusses berufliche Ziele, vor allem für den Voest-Alpine Industrieanlagenbau. Gerade nach solchen Auslandsaufenthalten freute ich mich immer über jeden Kilometer, der mich Oberösterreich und meinem Zuhause wieder näherbrachte.

Woraus ergibt sich aber die reale Attraktivität dieses Bundeslandes als Kraft der Bindung? Im wesentlichen ist es natürlich die physische Bleibe, die aber nur dadurch ihre besondere Anziehungskraft hat, dass sie berufliche Entfaltung sowie persönliche und berufliche Freundschaften ermöglichte und zu deren Verständigung beiträgt. Dazu kommt die Vielfältigkeit der Landschaft sowie internationaler und regionaler Kulturakzente. Kommissär Dr. F. Fischler beschrieb dies anlässlich der Eröffnung des Oberösterreich Büros in Brüssel treffend: Alles, was wir in Österreich an Vielfalt haben, findet sich in kondensierter Form im Land Oberösterreich wieder (frei zitiert). Die Menschen unseres Landes waren und sind weltoffen und explorativ. Sei dies aus Drang (z.B. der Forscher Andreas Reischek und die zahllosen oberösterreichischen Wissenschaftler, Kulturschaffenden und Manager im Ausland) oder aus Notwendigkeit (z.B. die unzähligen Exportkaufleute und Monteure unserer Industrie).

Unser Bundesland ist für viele von uns nicht zuletzt durch die Wechselwirkung von Forschung und Lehre mit der praktischen Innovation und der darauf aufbauenden produzierenden Tätigkeit (Hardware und Software) besonders attraktiv. Seine besondere Stärke kommt allerdings aus dem laufenden Bemühen, Kernkompetenzen zu entwickeln und zu pflegen, was - nicht zuletzt in Übereinstimmung mit der modernen Managementlehre - nur möglich ist, wenn eine menschliche Gemeinschaft vom alten Kulturbegriff ausgeht, der als Oberbegriff die Bereiche Kunst,

Brauchtum, Wissenschaft, Gewerbefleiß, gesellschaftliche Struktur, Bildung, Sport etc. in sich vereint.

Heutige Kernkompetenzen sind nach meiner Auffassung, demonstrativ aufgezählt, zumindest folgende:

- Die wissenschaftliche Befassung mit Leben und Werk von Anton Bruckner und Adalbert Stifter
- der Umgang mit den Einsatzmöglichkeiten der elektronischen Multimediatechnik in der Kunst
- die Kooperationsfähigkeit zwischen der Industrie und der Kunstuniversität bei der Gestaltung industrieller Produkte
- die Innovationsfähigkeit in der Stahltechnologie und deren praktischer Umsetzung
- die gesellschaftliche Überzeugung zur Bildung und Rehabilitation von Behinderten und deren Integration in das Berufsleben
- die Anziehungskraft für Sportereignisse unter Teilnahme der Weltbesten.

Oberösterreich gehört daher für mich in meiner universalistischen Schau zu den intellektuell anregendsten, lebens- und liebenswertesten Spitzenregionen Europas und ist demnach auch ein guter Partner in dessen Herzen.

Hias Gattermann
GSTANZLN

mia san net vo do
mia san vo dahoam
mia san vo dem häusl
wos schnopsbrenna toan

drenta da denau
do is hoid aso
do hod jeda schtecka
sei eigenes lo

drenta da denau
ia weads es ned glaubm
haums kotzn wia tiga
und schpotzn wia taubm

linz is a schtadl
und wean is a schtodt
in linz eßmas bradl
und in wean in solod
und linz is a schtadl
in linz eßmas bradl
und linz is so kloa
do eßmas fleisch mit de boa

mia san in innviatl zhaus
mia loßn goa ned aus
schtrick und schtraung reiß ma o
mia loßn ned no

zlinz in da oidn schtodt
sitzt an oids weib beim rod
schpinnt lauta oidn droht
fia de gaunz schtodt

auf urfahr bin i gaunga
auf urfahr geh i nu
und a bier hob i gsoffm
und a bier sauf i nu

unt bei da deanau
wo dföwaschtöck schtend
do hod da oid deixl
den junga darennd
und ea hod eam darennd
und ea hod eam damahd
und ea hod eam des eiwendi
auswendi draht

in aussee haums in nochtscheam gschtoin
da hebam dklistiapistoin
mia haums mei mensch davau
schtön gehd scho au

strowö is nowö
abersee kloa
und dwoifganger schtingan
vo lauta groß toa

in linz is wos neus gscheng
weads is eh scho wissn
hod da könnerin ia pudlhaum
an fuhrmau bissn

vo ischl a soiz
und vo soizburg a schmoiz
und a weanerischs mö
is a schpeis meina sö

waun oana noch kirchdorf kam
siacht ea nix wia zwetschknbam
is schod daß so weng häusa hod
sunst was a schtodt

in braunau geh i üba dbruck
oft geh i wieda zruck
i und mei hoamatlaund
mia gehnd net vanaund

i schteh auf da bruckn
scheiß eini in inn
do schreid da dreg aussa
mit mia gehds dahin

zbraunau samma eigschpead gwen
vierazwanzg schtund
und a laus hauma aussa
mit ochtaviazg pfund

im gosauer toi
wo da boch aussa rinnt
wean de dumma leid gscheid
und de langsauma gschwind

innviertl roß und droad
mühlviertl flachs und gjoad
hausruckviertl obst und schmoiz
traunviertl soiz

Ludwig Laher
OBERÖSTERREICHISCHE TUCHENTEN

Ich mag Oberösterreich. Die abwechslungsreiche Landschaft, die einem, der gern geht und genau schaut, Erstaunliches zu bieten hat. Die vertrauten regionalen Sprachfärbungen, die mich schon früh Verwandte richtig zuordnen ließen, auch wenn ich eigentlich nicht wußte, woher sie kamen und wie Vater oder Mutter denn mit ihnen zusammenhingen. Die Gerüche der eigenen Kindheit am Südbahnhof, überlagert vom Gestank der Industriegiganten im Linzer Süden, die einfach dazugehörten.
Lange Zeit lebte ich woanders. Setzte mich gern dem Spott meiner nichtoberösterreichischen Frau und der Kinder aus, wenn ich bei Autofahrten nach dem früheren Zuhause regelmäßig auf den Grenzstein aufmerksam machte und Hoamatland zu trällern begann.
Aber schon bei Franz Stelzhamer fängt es an: Ein Poet genial-schlichter Bilder war er, allein für die eine Mundartstrophe unsterblich, in der er das Lyrische Ich durchs Tal laufen und auf dem Hügel liegen läßt, getrocknet, nach gründlicher Durchnässung, von der Sonne über Oberösterreich. Gleichzeitig war der Franzl selbst für die Verhältnisse seiner Zeit ein grauenvoller Antisemit und beinharter Rassist.
Er war es, weil er sich zeit seines Lebens minderwertig fühlte, komplexbeladen mit populärer Halbbildung aufzutrumpfen suchte, die schrecklich dumpfen Vorurteile seiner Umgebung daher noch potenzieren, eins drauf setzen mußte. Dieser Franz Stelzhamer wird in Oberösterreich bis auf den heutigen Tag tunlichst ausgeblendet.
Zu den prägenden Eindrücken meiner frühen Jugend gehörten Erzählungen meiner Mutter über die oft tagelang auf den Geleisen eines oberösterreichischen Grenzbahnhofs zu

Deutschland abgestellten Viehwaggons, der im Dritten Reich funktionslos geworden war. Sie habe oft um ihre Mutter, meine Großmutter, gebangt, die im Sommer mit Kübeln vom Diensthaus runter über die Schienen zu den KZlern lief, die in der Hitze um Wasser brüllten. Der Großvater, sozialdemokratischer Eisenbahner, hatte vor den Kindern geschimpft, sie werde sich um Kopf und Kragen bringen und die Familie dazu. Aber die Großmutter ließ sich nicht beirren, auch wenn sie von den Wachmannschaften an den Waggons bedroht und vertrieben wurde. Als ich mit 14 die Geschichte zum ersten Mal hörte, war es nicht nur der Mut der Großmutter, der mich schwer beeindruckte, sondern ihr geradezu religiöses Bekenntnis zu Hitler und den obersten Nazigöttern, das sie gleichzeitig dem Großvater entfremdete. Hitler wisse von all den Untaten nichts, meinte sie ernsthaft, und er werde schon noch aufräumen. Manchmal, wenn ich nach Lesungen gefragt werde, warum ich Schriftsteller geworden bin, antworte ich: Solch alter Geschichten wegen. Und dann erzähle ich eine, die von den Widersprüchen handelt, den Irrationalitäten und der Tuchent, unter die sie geschoben werden.

Heute lebe ich wieder in Oberösterreich, am anderen Ende, und nichts hat sich geändert: Ich mag mein Land, streife oft zu Fuß durch die archaische Moorlandschaft in der Nähe meines kleinen Dorfes. Dessen vor einigen Jahren erschienene Chronik erzählt übrigens zahlreiche Details aus längst vergangenen Tagen und vergißt doch das NS-Arbeitserziehungs- und spätere Zigeuneranhaltelager mitten unter uns mit seinen Toten und Gequälten. Noch Anfang 2000 kein Hinweisschild, die Gebäude stehen noch, keine Erinnerungsstätte. Das wird sich jetzt zwar ändern, aber viele, allzu viele wollen immer noch nicht rühren daran, weil alles aufgebauscht wird, weil einmal ein Ende sein muß. Ein Ende, wo nie ein richtiger Anfang war. Denn die pathetischen Sonntagsreden werden weit weg vom Dorf gehalten, und das

Einlassen auf Widersprüche, auf die Schuld der Allermächtigsten, täte weh.
Wie gesagt, ich mag dieses Land, aber bis in die Gegenwart hat es die Welt mit Leuten, mit Männern wie du und ich beglückt, die freundlich, sentimental, urig sein können, aber auch Wort-Gewalt ausüben, verächtlich machen und mehr, wenn wir sie lassen. Da hilft nur die Lüftung der Tuchent und die Lust, über alles furchtlos zu reden, was uns verbiegt. Das fällt mir in diesen Tagen spontan ein zu Oberösterreich.

Wolfgang Winkler
LINZ AN DER TRAMWAY

Als ich 1978 nach Linz kam, lag Linz an der Tramway, Oberösterreich hatte im Süden Vierkanter, im Norden ein herbschönes Niemandsland zum Kommunismus hin, trank vornehmlich Most und verehrte angeblich Bruckner. Es war also ein Land, das nach Hans Weigel sich dadurch musikalisch auszeichnete, daß der, der am lautesten bläst, selig wird! Hans Weigel meinte mit diesem spöttischen Zitat wohl auch jene nahezu sakrale Verehrung des großen Komponisten Anton Bruckner in Oberösterreich.

Ich kam, randvoll mit Klischees angefüllt, nach Oberösterreich und Linz und fand bei erstem Hinsehen alles bestätigt. Die Arbeit im Landesstudio des ORF bot mir allerdings die Chance Oberösterreich sehr rasch als ein Land kennenzulernen, das hinter diesen Klischees eine enorme Entwicklungs- und Wirtschaftskraft und eine Kreativität zur Verfügung hatte. In den Jahren, in denen Oberösterreich zu meiner Heimat wurde, mein steirischer Akzent, der gelegentlich durchbrach, immer unhörbarer wurde, entwickelte sich dieses Land mit rasanter Geschwindigkeit und nahezu unheimlicher Kraft. Möglicherweise ging meine Eingemeindung deshalb rascher vor sich, weil ich Gelegenheit hatte, an mancher dieser Entwicklung mitzuarbeiten. Oberösterreich ist heute für mich ein wirtschaftlich erfolgreiches, modernes, für die Zukunft gut vorbereitetes Land. Seine Bewohner tragen diesen Stolz durchaus sichtbar vor sich her. Ich verhehle nicht, daß es manchmal vielleicht diplomatischer wäre, das Selbstbewußtsein nicht so selbstverständlich aufblitzen zu lassen, vor allem, wenn man mit Wiener Zentralstellen umgeht.

Davon ganz abgesehen. Oberösterreich hat, als ein Beispiel, das Landesmusikschulwerk: Ein Zeichen für die Kreativität und für den Willen zur Ausbildung.
Oder Linz zum Beispiel. Als ich 1978 nach Linz kam, hatte ich auf den Fensterbrettern meiner Garconniere alle drei Tage eine dicke Rußschichte, und das in Urfahr. Gleichsam als ein Symbol der Entwicklung der Metropole Oberösterreichs ist dieser Ruß mittlerweile verschwunden. Das Design-Center, das Ars-Electronica-Center, das Brucknerhaus und das OK sind im Moment die architektonischen Zeichen für eine rasante Entwicklung in Richtung Zukunft des Landes und der Stadt in den letzten Jahren. Hinzu kommen werden das neue Museum und schließlich das neue Musiktheater, die nicht nur das Stadtbild von Linz prägen werden, sondern auch das internationale Image dieser Stadt.
Kulturelle Infrastruktur ist gleichzusetzen mit sozialer Infrastruktur. Beides zusammen macht den Lebensraum lebenswert. Die oberösterreichische Wirtschaft hat diese Infrastruktur sehr positiv aufgenommen. Kundentreffen werden mehr und mehr in Linz abgehalten, einfach weil die Stadt und das Land dazu einladen. Vor 1974 noch war Linz auf der kulturellen Landkarte ein kleiner Punkt und sonst gar nichts. Jetzt im Jahr 2000 haben Linz und Oberösterreich ein eigenständiges Profil, das traditionelle Städte wie Salzburg und Wien selbstbewußt ergänzt.
Das alles sind Gründe genug, sich in diesem Land wohlzufühlen und mit Energie an der weiteren Entwicklung mitzuarbeiten.
Im Süden Oberösterreichs stehen jetzt noch immer die Vierkanter, im Norden ist das herbschöne Mühlviertel zu einer neuen Blüte erwacht, die Oberösterreicher trinken immer noch Most und verehren Bruckner. Aber mit dem Bewußtsein ihrer Tradition gehen sie in die Zukunft.

Rudolf Habringer
HIER BIN ICH FREMD

Neulich ist der Herausgeber einer der größten oberösterreichischen Tageszeitungen gleich zweimal in den lokalen Fernsehnachrichten vorgekommen.
Einmal als Promotor für Thomas Bernhard, der zum oberösterreichischen Künstler des vergangenen Jahrhunderts gewählt wurde. Bernhard wurde wegen seines Mutes, seiner radikalen Kritikfähigkeit und seines unbequemen Stils gerühmt. Das zweite Mal war vom Zeitungsherausgeber die Rede, weil bekannt wurde, daß tags zuvor ein Redakteur seiner Blattes wegen regierungskritischer Haltung entlassen worden war. Der Redakteur, der im übrigen geschrieben hatte, was im Ausland Hunderte von Journalisten und Politikern auch formuliert hatten, hatte angeblich Überparteilichkeit und Objektivität vermissen lassen.
Wenige Monate vorher präsentierte das Landeshauptblatt in einer Milleniumsausgabe unter der Rubrik „Schicksale" die Lebenserinnerungen eines alten Nationalsozialisten und Obersturmbannführers, die in ihrer Tendenz den Eindruck erweckten, als seien die Nationalsozialisten Opfer und ihre Verbrechen - zumal in der Lieblingsstadt Hitlers - gar nicht so besonders schlimm gewesen. Der Text bediente sich in weiten Teilen alter Nazi-Diktion. So war etwa vom Umbruch die Rede, der 1938 „völlig geordnet vor sich gegangen" sei. „Ich habe damals das Richtige getan und würde alles wieder so machen" schlossen die Erinnerungen des ehemaligen Nazi.
Der den Artikel zeichnende Journalist enthielt sich dabei jeglichen Kommentars. Es gab keine Richtigstellung, keine Erwähnung von Mauthausen, Ebensee, Hartheim, keinen Hinweis auf Kaltenbrunner, Eichmann, keinen Hinweis auf den Widerstand, keine Anmerkung zu Jägerstätter.

Dieser Journalist wurde nicht entlassen. Der darauffolgende Leserbrief, den ich mit Freunden schrieb, wurde nicht abgedruckt. Aus diesem Vorgang läßt sich einiges über das oberösterreichische Wesen, zumindest aber über den Sachverhalt angewandter Heuchelei lernen:
Die Tatsache, daß heute jemand einen kritischen, aber toten Dichter als Jahrhunderterscheinung auszeichnet, morgen einen kritischen, aber lebenden Journalisten wegen dessen Meinungsäußerung entläßt, übermorgen die Ansichten eines alten Nazi unkommentiert ins Blatt rückt, konstruiert hier noch lange keinen unauflösbaren Widerspruch.
Hier geht zusammen, was anderswo eben nicht zusammengeht.
Zwei Gründe nannten deutsche Medien nach der letzten Wahl für den Rechtsruck in unserem Land: Die mangelhafte Auseinandersetzung Österreichs mit seiner jüngsten Geschichte und eine schwach ausgebildete Medienlandschaft, die kontroverse Debatten nicht zuläßt.
Für Oberösterreich gelten diese Gründe in gleichem Maß. Intellektuelle Zwischenrufer sind im Prinzip hier nicht vorgesehen. Es gibt keine Tradition und keine Plattform für die kritische Auseinandersetzung. Das Unverständnis dem Denken, dem Zweifel, der Nachdenklichkeit, denen gegenüber, die sich als „Sand im Getriebe der Welt" verstehen (Günter Eich), ist groß.
Die Leute haben, was sie brauchen. Sie wissen nicht mehr, was ihnen fehlt. Auf den Konten liegt Geld, Einkaufscenter, Multiplexkinos, Freizeitparks sind gut besucht.
Wir sind ein Volk von Autohändlern und Szenewirten. Wir leben im Event. Uns eint die Oberflächlichkeit.
Wir möchten ein Eigenheim, wir möchten unter uns sein, wir möchten, daß Touristen kommen und zahlen, wir möchten, daß ausländische Arbeitskräfte kommen, uns pflegen und uns servieren, und wieder nach Hause gehen. Wir möchten freie Fahrt für freie Bürger und saubere Luft, wir möchten unsere Ruhe haben,

in zehn Jahren möchten wir Fußballweltmeister sein.
Der Zusammenhang, aus dem wir gemacht sind, ist katholisch und reformiert. Dann wieder gegenreformiert, gegenzurechtgebogen. Unsere Waffe ist die Verachtung: Gegen die da oben, gegen die weit weg in Wien, neuerdings gegen die in Brüssel, gegen die Ausländer, gegen uns selbst. Unsere Mentalität ist nicht fähig zu Revolution und zum Widerstand. Unrecht trinkt dumpf in sich hinein oder verköchelt bestenfalls zur Ironie. Wir rexen Wut und Unterdrückungszorn ein und streichen sie uns als Kleinbürgermarmelade aufs tägliche Brot.
Manchmal - neulich zum Beispiel, als ich eine Gruppe ausländischer GermanistInnen durch Oberösterreich führte - bin ich stolz auf dieses Land, seine landschaftliche Schönheit, auf Bruckner, auf Kepler, auf Bernhard.
Manchmal aber bin ich wie vor den Kopf gestoßen und verstehe gar nichts mehr.
Hier lebe ich. Hier ist meine Heimat. Hier fühle ich mich fremd.

Fritz Lichtenauer
OÖ MOBIL

BR EF FR GM GR KI L LL PE RI RO SD SE SR UU VB WE WL
EF FR GM GR KI L LL PE RI RO SD SE SR UU VB WE WL BR
FR GM GR KI L LL PE RI RO SD SE SR UU VB WE WL BR EF
GM GR KI L LL PE RI RO SD SE SR UU VB WE WL BR EF FR
GR KI L LL PE RI RO SD SE SR UU VB WE WL BR EF FR GM
KI L LL PE RI RO SD SE SR UU VB WE WL BR EF FR GM GR
L LL PE RI RO SD SE SR UU VB WE WL BR EF FR GM GR KI
LL PE RI RO SD SE SR UU VB WE WL BR EF FR GM GR KI L
PE RI RO SD SE SR UU VB WE WL BR EF FR GM GR KI L LL
RI RO SD SE SR UU VB WE WL BR EF FR GM GR KI L LL PE
RO SD SE SR UU VB WE WL BR EF FR GM GR KI L LL PE RI
SD SE SR UU VB WE WL BR EF FR GM GR KI L LL PE RI RO
SE SR UU VB WE WL BR EF FR GM GR KI L LL PE RI RO SD
SR UU VB WE WL BR EF FR GM GR KI L LL PE RI RO SD SE
UU VB WE WL BR EF FR GM GR KI L LL PE RI RO SD SE SR
VB WE WL BR EF FR GM GR KI L LL PE RI RO SD SE SR UU
WE WL BR EF FR GM GR KI L LL PE RI RO SD SE SR UU VB
WL BR EF FR GM GR KI L LL PE RI RO SD SE SR UU VB WE

Werner Schöny
ABWECHSLUNGSREICH UND SCHÖN

Man lebt recht gut in Oberösterreich. Die Landschaft ist abwechslungsreich und sehr schön, Berge, Seen, Flüsse, Ebenen wechseln einander ab. Meine besondere Liebe gilt dem Salzkammergut, wobei ich schon von vielen Besuchern gehört habe, dass es kaum eine reizvollere Landschaft gibt, als diese.
Besonders im Frühjahr, wenn auf den Bergen noch der Schnee blinkt, leichte Nebelschwaden über den Seen liegen und das frische Grün aufkeimt, ergibt dies einen Reiz, der bei Sonneneinstrahlung unüberbietbar ist.
Ein heißer Sommertag am Attersee mit Rosenwind und klarem Wasser ersetzt lange Urlaubsfahrten ans Meer.

Die Oberösterreicher selbst sind ein sehr offenes Volk. Durch die Nähe zu Deutschland und die vielseitigen Einflüsse von allen Seiten gibt es keine allzu starke Identifizierung mit der Scholle. Zuwanderer werden aufgenommen, beispielsweise Kollegen, die aus anderen Bundesländern kommen, egal aus dem Osten oder Westen. Auch der europäische Gedanke wird hochgehalten, wobei die nahen Grenzen lediglich eine äußere Barriere darstellen. Diese Offenheit und Eigenschaft, auf den anderen zuzugehen, macht den Oberösterreicher sympathisch.
Vorurteile sind gering und Neues kann akzeptiert werden. Dies schlägt sich auch in der Entwicklung Oberösterreichs nieder. Ein florierendes Land mit Neigung zu Modernem in Wirtschaft, Kultur und Wissenschaft.
Natürlich spielen die traditionellen Werte eine Rolle, aber man ist bereit, auf Neues zuzugehen und Anderes auszuprobieren.
Besonders angenehm finde ich, dass im kulturellen Bereich moderne Angebote im Konzertbereich, im Bereich der darstellen-

den und bildenden Kunst, das typisch traditionelle Österreichbild von Kultur erweitern.
Die Ars electronica ist wohl weltweit bekannt und nur die Speerspitze der Entwicklung in Linz und Oberösterreich. Immer wieder sehe ich in Gesprächen mit Freunden und Kollegen aus anderen Bundesländern, dass sie Linz und Oberösterreich falsch einschätzen, „Bauernland, hinterwäldlerisch, provinzlerisch" sind Vorurteile, die weitgehendst ausgeräumt sind und selbst Wiener fahren zu kulturellen Ereignissen nach Linz, weil sie Gleichwertiges oft nicht erleben können. Dieser auch nach Europa offene Geist spiegelt sich im Wirtschaftsleben wider, was wiederum direkte Auswirkungen auf den sozial kulturellen Bereich hat. Nur in einem Land mit passenden wirtschaftlichen Strukturen ist es möglich, auch für den mir sehr nahestehenden sozialen Bereich entsprechend Mittel zur Verfügung zu stellen und hier ist der Boden in Oberösterreich fruchtbar.
Die Entwicklung der letzten Jahrzehnte hat gezeigt, dass Verständnis auf allen Ebenen vorhanden war und - so hoffe ich - auch weiterhin vorhanden bleiben wird. Nicht dass alles erreicht ist oder dass alle Wünsche und alle Notwendigkeiten erfüllt sind, aber die Grundtendenz ist passend und es scheint so zu sein, dass alle Kräfte in diesem Land parallel zur wirtschaftlichen Entwicklung für die soziale Kultur Verständnis aufweisen. „Die wahre Kultur eines Landes zeigt sich, wie es mit seinen Schwachen umgeht". Dies scheint ein Motto zu sein, welches vom Grunde her in Oberösterreich realisierbar ist. Es bleibt zu hoffen, dass diese Entwicklung auch die Turbulenzen, wie sie zur Zeit durchgemacht werden, übersteht und weitergelebt werden kann.

Es ist also positiv zu sehen in Oberösterreich zu leben, in einem schönen Land mit einer guten Entwicklung und einer hervorragenden Infrastruktur. Die Menschen sind offen und kommunikativ mit Bereitschaft für Neues und Offenheit nach Europa und der

Welt. Obwohl ich in jungen Jahren oft daran gedacht habe, Oberösterreich für immer zu verlassen, bin ich gerne wieder zurück gekommen und sehe es nun als Privileg an, in Oberösterreich tätig sein zu können und leben zu können. Ich meine, dass auch für die Kinder im Bildungsbereich gute Möglichkeiten bestehen, was für ihre und die Zukunft unseres Landes von großer Bedeutung ist.

II

LIEBE AUF DEN DRITTEN BLICK

Gertraud Guppenberger
SEELENBILDERBUCH

Niemand könnte mir streitig machen, eine waschechte Oberösterreicherin zu sein. Meine Mutter, eine Mühlviertlerin aus Reichenau und mein Vater, zuständig nach Altmünster am Traunsee, schufen sich eine Lebensexistenz in Vöcklamarkt (Hausruckviertel), wo ich geboren wurde. Schon die Gegend, woher meine Eltern kamen, gab die Gelegenheit die fantastischsten wunderschönsten Landschaftsbilder in meinem Gehirncomputer zu speichern. Um es der Reihe nach zu bringen, gehe ich zurück zum Beginn meines Erinnerungsvermögens und beginne darin zu blättern, wie in einem Bilderbuch.

- Vöcklamarkt, Dezember, Heiliger Abend, kurz vor der Mitternachtsmette. Eine dichte, weiche Schneedecke verschluckt jedes Geräusch. Ein zum Teil bewaldeter Hügel in der Ferne ist belebt durch wandernde Lichtlein. Es sind Bauern mit ihren Laternen, die zur Mette kommen, aus den Dörfern hinter dem Berg. Visavis meines Elternhauses, der Friedhof ist beleuchtet mit unzähligen Kerzlein, die auf den Gräbern flackern und glitzern, in der Stille der Mettennacht. Plötzlich ertönt vom hohen Turm der domähnlichen Kirche das allen so vertraute Lied „Stille Nacht, Heilige Nacht" und der Nachtwind trägt die Melodie weithin über die Dächer des verträumten Marktes.

- Ein anderes Blatt meines Seelenbilderbuches, einige Jahre später. Frühling-Jugendlager auf einer Anhöhe über Nußdorf am Attersee. Nach einem fröhlichen Wandertag, einer spannenden Schnitzeljagd, nach gutem, gemeinsamem Abendessen sitzen wir unbeschwert am Wiesenrain und unsere Blicke schweifen hinunter ins Tal, wo der See, vom Abendwind zerkräuselt, wie ein dunkelblaues Tuch aus Wildseide, zum Näherkommen lockt. Wir wandern hinunter, mit leisen Stimmen „Es war amal am Abend spat" singend. Eine sanfte Brise trägt die Töne hinüber gen Höllengebirge. - Ein Lieblingsbild von mir ist auch die Spätsommerwoche in Gmunden. Ein Übungsleiterlehrgang der Sportunion für Vorturner, unsere Leiterin war Ricki Mahringer, eine damals sehr bekannte Schirennläuferin. Quartier hatten wir im Landschloß Orth. Auch hier versammelten wir uns nach Vorträgen, Wettspielen, Turnübungen am Abend mitten im Schloßhof, unter einer alten Linde zu gemütlichem Beisammensein und ließen aus vollen Kehlen „Am Brunnen vor dem Tore" erklingen. Einige übermütige Nachtwandler ruderten noch hinaus über den tintenblauen Traunsee. Außer dem Geplätscher der Ruder war kaum was zu hören. Mystisch erschien das grün beleuchtete Seeschloß und etwas unheimlich die düsteren Umrisse des Traunsteins.

- Ein ganzes Buch möchte ich schreiben über die zauberhaften, herrlichen Landschaftsbilder von Oberösterreich. Über das liebliche Mühlviertel mit seinen unzähligen grünen Hügeln und dunklen Wäldern. Ewig rauschende Bächlein wie z. B. die Rodl, die kleine und die große Gusen, die direkt am Haus meiner Großmutter vorbeiplätschert, die am Fuße des bergigen Ortes Reichenau lebte. Viele schöne Ferientage verlebte ich hier und immer wieder einmal passierte es, dass mich nachts taschelnder Regen aufweckte. Wieder nichts mit Heidelbeerpflücken oder Pilze sammeln dachte ich traurig. Am Morgen aber sah ich, daß die Erde ganz trocken war und die Sonne vom Himmel lachte. Der Bach hat mir diesen Schabernack gespielt. Endlos könnte ich so weitererzählen.

- Seit meiner Heirat vor 46 Jahren bin ich eine Leondingerin. Vom Küchenfenster aus sehe ich den Pöstlingberg mit der Wallfahrtskirche, in der meine Eltern geheiratet haben. Unsere Kinder liebten die Grottenbahn und bringen jetzt auch die Enkerl her. Verwandten aus USA zeigen wir stolz das Brucknerhaus, lauschen dem Orgelspiel in St. Florian, erzählen vom Astronomen Johannes

Kepler und vom Mundartdichter Franz Stelzhamer. Wir bringen sie nach Steyr, Lenzing, Steyrermühl und in die Voest. Wir unterhalten uns über den Bauernkrieg und das Frankenburger Würfelspiel. Wir erinnern uns an unseren 1. Landeshauptmann Dr. Heinrich Gleißner und den Bürgermeister von Linz, Dr. Ernst Koref, die damals so viel für den Wiederaufbau geleistet haben. Unsere ausländischen Verwandten kommen zu dem Schluß, daß die Menschen hier in Oberösterreich sparsam, verläßlich und fleißig sind. Ich füge noch bei, daß wir auch ein lustiges, fröhliches Völkchen sind, gerne lachen, singen und feiern. Ich hab die halbe Welt gesehen, aber immer wieder zog es mich mit aller Macht zurück nach Haus, in mein geliebtes Oberösterreich.

Ludwig Scharinger
DER OBERÖSTERREICHISCHE WEG

Heimat, sagt man, sei dort, wo man sich wohl fühle. Dem entsprechend ist meine Heimat Oberösterreich. Hier habe ich meine Wurzeln, hier wurde ich geboren, hier habe ich meine Kindheit und Jugend verbracht, hier habe ich meine Familie, meine Freunde, und hier finde ich jenes wirtschaftliche und politische Umfeld, in dem ich als Generaldirektor der Raiffeisenlandesbank OÖ, der größten Regionalbank Österreichs, erfolgreich wirken kann.

Gemeinsamer politischer Konsens.
Dieses Land hat seine Besonderheit: Wenn es darauf ankommt, können alle politischen und gesellschaftlichen Kräfte das kleinliche Gezänk vergessen, können alle sich an einem Tisch zusammmensetzen und stellen alle das Wohl unseres Heimatlandes über politisches Hick-Hack. Das ist der oberösterreichische Weg, der Weg des gemeinsamen politischen Konsenses, der vom legendären Landeshauptmann Dr. Heinrich Gleißner kreiert wurde, und dem sich in der Folge auch die Landeshauptleute Dr. Erwin Wenzl, Dr. Josef Ratzenböck und der heutige Landeshauptmann Dr. Josef Pühringer verpflichtet haben. Die Erfolge eines Landes werden nicht von heute auf morgen erzielt, sondern sie haben eine lange Vorlaufzeit. Dieses politische Klima, in dem die Wirtschaft wachsen und sich entfalten konnte, prägt seit vielen Jahren Oberösterreich.

Unser Licht nicht unter den Scheffel stellen!
Wir brauchen wahrlich unser Licht nicht unter den Scheffel zu stellen! Kein anderes Land hat den Strukturwandel der vergangenen Jahre so eindrucksvoll bewältigt wie unser Bundesland: Rekordbeschäftigung, eine Arbeitslosenrate, die zu den gering-

sten in Europa zählt, eine hohe Wertschöpfung, da ein Fünftel der gesamten inländischen Produktion in Oberösterreich geschaffen wird, eine erstaunliche Exportquote, denn 25 Prozent der gesamtösterreichischen Warenausfuhren gehen von Oberösterreich aus in alle Welt und schließlich eine gesunde Budgetpolitik, die bereits seit einigen Jahren keine Neuverschuldung mehr kennt. Damit schuf sich das Land Spielraum für künftige Aufgaben.

Ein landschaftliches Juwel.
Neben der wirtschaftlichen Prosperität und dem stabilen politischen Klima in Oberösterreich darf man auch die Schönheiten unseres Landes nicht vergessen. Oberösterreich ist ein Juwel an landschaftlichen Reizen. Denken wir nur an die von unseren Bauern gepflegten Wiesen, Felder und Wälder, an die hohen Gipfel des Dachsteins und des Toten Gebirges, die Vielzahl herrlicher Seen des Salzkammerguts, die fruchtbaren Gegenden des Alpenvorlandes, die Donau als vielbesungenen und beschriebenen Strom, und schließlich an die herbe Schönheit des Mühlviertels mit seinen Ausläufern des Böhmerwaldes. Dichter und Denker haben sich in diesem Land wohlgefühlt: Adalbert Stifter, der Begründer des „sanften Gesetzes", Franz Stelzhamer, der uns mit seinem „Hoamatland" die Landeshymne geschenkt hat, Anton Bruckner, der „Musikant Gottes", aber auch der Wahloberösterreicher, Mathematiker und Astronom Johannes Kepler, der von sich behauptet hatte, die schönsten Jahre seines Lebens in Oberösterreich zugebracht zu haben.

Kreativität und Schaffenskraft.
Dieses bunte Kaleidoskop an wirtschaftlicher Kreativität und Schaffenskraft, an Qualität unserer Betriebe, an Fleiß unserer Bauern, an politischer Toleranz, an Naturschönheiten und Kultur und schließlich an tüchtigen Menschen, die ausgezeichnete Arbeit leisten - all das ist es, warum ich meine Heimat Oberösterreich gegen keine andere eintauschen würde.

Helmut Sohmen

BEGRIFF IN DER INTERNATIONALEN WIRTSCHAFT

Für einen Oberösterreicher der ersten Generation, der noch dazu schon länger im Ausland lebt als daheim, ist die Charakterisierung des Landes keine leichte Aufgabe. Man fragt mich in der Fremde oft, natürlich spaßhalber und in Ignoranz des geschäftlichen Hintergrundes, ob die Oberösterreicher sich besser finden als ihre Mitbürger in den acht anderen Bundesländern Österreichs, und quasi von „oben" auf die anderen herabschauen. Meine Antwort ist immer: natürlich nicht, auch wenn wir es vielleicht könnten. Oberösterreicher sind nicht präpotent, eher zu ehrlich, auch wenn vielleicht ein wenig trotzig.

Oberösterreich kann sich nicht mit Wien vergleichen, denn Haupstädte liegen immer in einer anderen Kategorie. Salzburg hat seinen Mozart und ist durch die Festspiele zum internationalen Begriff geworden. Graz mag städtebildlich schöner sein, aber der Geist der Stadt war lange Zeit der einer Festung. Linz ist seit jeher Schnittpunkt der Nord-Süd und Ost-West Handelswege in Österreich und daher weniger misstrauisch im Kontakt mit Fremden. Oberösterreich war begünstigt durch seine Berührung mit Böhmen und mit Bayern, angehaucht mit dem Fleiß der nördlichen, und der Lebenskunst und dem ausgeprägten Lokalpatriotismus der westlichen Nachbarn.

Es ist kein Zufall, dass Linz und andere Orte Oberösterreichs sich in jüngerer Zeit zu wirtschaftlich bedeutenden Industriezentren entwickelt haben und das Land insgesamt die wichtigste Forschungs- und Produktionsstätte der Republik geworden ist und im wirtschaftlichen Bereich im Lande eine führende Stelle einnimmt. Oberösterreich ist imstande, den vielen neuen Anforderungen der modernen Technik nicht nur nachzukommen, sondern mit Erfindungskraft, unternehmerischem Sinn und per-

sönlichem Einsatz technische Fortschritte in die Wege zu leiten und sie in der ganzen Welt erfolgreich zu vermarkten. Das ist für mich als internationalem Unternehmer, was mich an meinem Heimatland am meisten beeindruckt, obwohl ich natürlich auch auf Adalbert Stifter und Anton Bruckner stolz bin und die landschaftlichen Schönheiten des Salzkammergutes oder des Mühlviertels schätze.
Oberösterreich und seine Produkte und Serviceleistungen zeichnen sich aus durch Qualität und gute Kundenbetreuung. Viele oberösterreichische Firmen haben auch im Ausland einen ausgezeichneten Ruf oder sind durch ihre Aktivitäten gut bekannt - und nicht nur Steyr und VOEST Alpine!
Aber was Oberösterreich ebenso profiliert ist seine gute Infrastruktur, mit Vision und Entscheidungsfreude von seiten der Politiker und Wirtschaftstreibenden bereits über Jahrzehnte hinweg aufgebaut. Sie wird ergänzt durch exzellente Ausbildungszentren im ganzen Land ob der Enns. Ich glaube, auch im größeren Spielfeld der Europäischen Union wird Oberösterreich die neue Konkurrenz nur als weitere Herausforderung ansehen und sich wirtschaftlich behaupten, Kontaktfreude und Offenheit nach außen macht flexibel und macht stark: von den Oberösterreichern und ihren Leistungen könnten sich manche etwas abschauen.
Allerdings, gerade als Auslandsösterreicher darf man nicht in zu kleinen Maßstäben denken oder nur lokalpatriotisch agieren. Man muss stolz bleiben auf ganz Österreich und seine Errungenschaften. Trotzdem ist und bleibt die Verbindung mit der unmittelbaren Heimat wichtig: zu einem in Dankbarkeit für die Ausbildung in den Jugendjahren, zum anderen als emotioneller Bezugspunkt zum lokalen Freundeskreis. Ich schätze mich glücklich, trotz langer Abwesenheit von zuhause auf die Zuneigung und die Unterstützung meiner oberösterreichischen Freunde bauen zu dürfen.

Peter Strahammer
HEIMAT OBERÖSTERREICH

Ich bin ein begeisterter Oberösterreicher und liebe mein Heimatland. Ich liebe die Menschen, die hier leben, die kulturelle Vielfalt unseres Landes, seinen landschaftlichen Reiz. Ich habe durch meine Geburtsstadt Wels auf der einen Seite, die frühe Jugend im Mühlviertel und im Innviertel auf der anderen Seite und die Schulzeit in Pasching bzw. Linz zum Dritten einen Bezug zu den meisten Teilen unseres Landes. Mich faszinieren die wechselvolle Geschichte unseres Landes, seine sozialen Strukturen, die Haltung der Menschen in ihrem gesellschaftlichen Umfeld, einfach alles, was den Puls des Lebens ausmacht. Oberösterreich ist heute, und ich darf ein Grillparzer-Wort hier abwandeln, im positiven Sinn eine Welt im Kleinen, in der die große ihre Probe hält. Die wirtschaftliche Dynamik unseres Bundeslandes, an der auch mein Unternehmen VOEST-ALPINE STAHL mit innovativen und zukunftsweisenden Produkten teilnehmen darf, hat in unserem Bundesland seine Probe im besten Sinne des Wortes bestanden.

Mich fasziniert wie die Vielfalt der Regionen mit ihren gewachsenen historischen Strukturen, die die Mentalität und den Charakter der Menschen, die hier leben, prägt. Sei es die sprichwörtliche Zurückhaltung der Mühlviertler, die erst beim näheren Kennenlernen, wie ich es oft erleben durfte, einem herzlichen Vertrauen weicht. Das Mühlviertel mit seiner gemütvoll-elegischen Landschaft und seinen sanften Wellen und Hügeln ist für mich ein Ort der körperlichen aber auch vor allem der geistigen Regeneration. Ich habe das Mühlviertel daher nicht nur zum Ziel meiner ausgedehnten Wanderungen, sondern führe dort sehr gerne Gespräche mit den Menschen. Gespräche, die mir viel geben und wo die vorgeblich einfachen Menschen für mich, der

ich eher aus einer „artifiziellen" Welt komme, eine Quelle unverstellter und echter Ursprünglichkeit darstellen. Die Sicht der Dinge dieser Menschen trifft, wie ich immer wieder feststellen konnte, meist sehr genau den Punkt und den Kern der Wahrheit. Im Kontrast zur Zurückhaltung der Menschen im Mühlviertel erleben wir in den Räumen unseres Bundeslandes, die stark durch die Flüsse und die dadurch gegebenen wirtschaftlichen Aktivitäten bestimmt sind, nämlich in dem Bereich der Donau, der Enns und der Traun eine dem Wandel und auch dem Handel offenere Mentalität. In diesen Teilen unseres Landes werden Fremde („Zuagroaste") rasch aufgenommen und integriert und finden so ihre Heimat in unserer Heimat.
Neben dieser allgemeinen Fähigkeit, Menschen aus anderen Kulturkreisen in unsere Gesellschaft rasch und erfolgreich zu integrieren, beeindruckt mich aus meinem Fachgebiet die Fähigkeit der Oberösterreicher, mit unserem Werkstoff Stahl besonders gut umgehen zu können. Dies hat eine lange Tradition, die natürlich in den Eisenwurzen mit ihren Sensen- und Sichelwerken und anderen metallverarbeitenden Betrieben sehr ausgeprägt war.

Darüberhinaus haben aber unsere Landwirte die Fähigkeit, mit dem Werkstoff Stahl umgehen zu können, geradezu mit in die Wiege bekommen. Auf jedem Bauernhof wird geschmiedet, gebohrt, gefräst und diese ursprünglichen Fähigkeiten können wir in unserer Industrie sehr gut in die exzellente Fähigkeit der Stahlerzeugung und -bearbeitung umsetzen und damit einen aus der Tradition unseres Landes stammenden Wettbewerbsvorteil erwirtschaften.
Ich schließe mein Bekenntnis zu Oberösterreich in Dankbarkeit insbesondere vor allem gegenüber jenen Menschen unseres Landes, die den Namen unserer Heimat im besten Sinne des Wortes in die Welt getragen haben.

Roswitha Zauner
MEINE LIEBE, MEIN LAND

Erklär mir:
Wenn nirgends ein Platz ist,
wo ich daheim bin,
wenn nirgends ein Ton anklingt,
der mich berührt,
wenn nirgends ein Mensch lebt,
den ich liebe,
wenn nirgends ein Stein liegen wird
mit meinem Namen drauf,

erklär mir:
Wozu bin ich geboren?

*

In diesem Land
fällt der Regen vom Himmel
direkt auf die Erde,
der Wind bläst aus dem
Fegefeuer.

In diesem Land
hat die Zukunft Wurzeln.
Der Narr
erzählt seine Weisheit
am Biertisch,
und die Fische sind stumm.

Dieses Land
atmet mit den Gezeiten der Jahre.
Kein Stein wird über dem anderen
bleiben.

Das ist mein Land:
Hier wachsen die Bäume
noch in den Himmel.

*

Am liebsten schreibe ich auf die weiße
Rinde meiner Birke vorm Haus. Die
Zeilen ihrer Jahre fülle
ich mit Gedichten. Ich habe den Stamm

bald vollgekritzelt. Nun muß ich warten
auf den neuen Sommer und hoffen,
daß sich frische Rinde bildet.
Jetzt hätte mein Autogramm kaum mehr Platz.

Dann aber schreibe ich, nächstes Jahr, mit
meiner Hühnerfeder: „Die Motte
frißt im Buch der Litanei!" Und:
„Schilfrohre fallen zu Asche am Teich!"

Die Rinde stirbt. Die Birke trägt keine
Früchte aus. Der Sprachbilder Vagheit
ist vertan. Es bleibt ein Satz,
damit ist alles zu Ende gesagt.

Josef Ratzenböck
DAS OBERÖSTERREICHISCHE KLIMA

1955 - fast legendär ist der Walzer, den Landeshauptmann Dr. Gleißner und die Gattin des Linzer Bürgermeisters Dr. Koref miteinander über die Nibelungenbrücke tanzten, als Oberösterreich wieder ein Land wurde. Und es gibt unzählige Geschichten über die gemeinsamen Wienfahrten Gleißners und Korefs - in einem Dienstwagen und mit einem Ziel - etwas für das Land und die Stadt zu erreichen.

Diese „historischen Ereignisse" - und viele andere, neuere - haben dazu geführt, dass man in unserem Lande mit Stolz und anderswo ein wenig neidisch vom „oberösterreichischen Klima" spricht. Manchmal auch nicht unkritisch - zuviel Konsens stößt auf Misstrauen, zumindest allemal bei den Medien. Kürzlich wurde in einer oberösterreichischen Tageszeitung die „Zahnlosigkeit" in der Linzer Kommunalpolitik moniert - es seien zwischen 1985 und 1991 84% einstimmige Beschlüsse gefallen. Nur in 2% der anfallenden Agenden habe die ÖVP ihre Stimme dagegen erhoben, immerhin in 15% Grüne, Alternative, Kommunisten und Freiheitliche ... was dennoch eine 85%ige Einhelligkeit ergibt und den Schluss zulässt, dass man in der Landeshauptstadt dem Beispiel des Landes zu folgen geneigt ist.

Im oberösterreichischen Landtag wurden in der letzten Legislaturperiode eine große Anzahl von Materien in zahlreichen Sitzungen behandelt - es gab 52 Landtagssitzungen mit insgesamt 16 aktuellen Stunden, 244 Ausschuss- und 252 Unterausschusssitzungen. Viele davon waren durchaus konfrontationell und lebhaft, trotz der Vorgespräche, Verhandlungen, informellen Absprachen ... Insgesamt wurden 237 Beschlüsse gefasst, davon waren 113 Gesetze. Und es ist gelungen, dass zum einen kein einziges Mal von der absoluten Mehrheit Gebrauch gemacht werden musste: zumindest ein weiterer Partner hat die stärkste Partei immer unterstützt. In 18 Fällen kam es zu Mehrheitsbeschlüssen - das bedeutet, dass letztlich nur knapp 8% „Konfliktfälle" übrig blieben, und in 92% aller Materien Übereinkommen erzielt werden konnte. Die Stadt Linz hat also noch 8% Konsensfähigkeit aufzuholen ...

Am Rande sei auch noch vermerkt, dass es im oberösterreichischen Landtag in den vergangenen sechs Jahren keinen einzigen Ordnungsruf gab - auch ein Zeichen dafür, dass wir im Lande miteinander zwar nicht zaghaft und zimperlich, aber doch rücksichtsvoll und achtungsvoll miteinander umgehen können - obwohl zum Beispiel unsere Plenumsitzungen durchaus Temperamentsausbrüche zutage fördern und manche Zwischenrufduelle berechtigt Platz in einem Werk „Politische Aphorismen" beanspruchen könnten.

Selbst in politisch besonders sensiblen Bereichen gelingt es uns, nicht gegeneinander, sondern miteinander zu arbeiten. Ein Klima, das zunächst einmal davon ausgeht, dass es in der Politik nicht darum gehen kann, nur Macht auszuüben und sich durchzusetzen, die Ideen nur der eigenen Gesinnungsgemeinschaft, Interessensgruppe oder Region zu sehen. In einer differenzierten und komplexen Gesellschaft, in einer offenen Marktwirtschaft, in einer allseits gefährdeten Umweltsituation und einer durch Wertewandel charakterisierten pluralistischen politischen Landschaft hat niemand wirklich das Evangelium gepachtet. Jeder hat letztendlich das gleiche Ziel, nämlich Wohlstand und Wohlfahrt für die Menschen in unserem Lande, Umwelt- und Lebensqualität und Lebenschancen für alle - auch für diejenigen, die Gefahr laufen, abzudriften, die nicht mithalten können mit den heutigen Anforderungen und dem heutigen Tempo. Dazu gehören auch Menschen, die bei uns Zuflucht suchen, und die sich erst anschicken, Österreicher bzw. Oberösterreicher zu werden ...

Aber „oberösterreichisches Klima" geht noch ein Stück weiter, ist nicht nur „Schadensbegrenzung". Kooperation in unserem Sinne heißt einerseits, alle guten Ideen zugunsten unserer Bürger aufzugreifen - aus jeder sich bietenden Quelle, und andererseits den Konkurrenten und Partner nicht nur „leben zu lassen", sondern ihn auch am Erfolg Anteil zuzugestehen. Jeder muss aus schwierigen Verhandlungen „etwas heimtragen können", die Chance haben, auch eine Trophäe vorzuweisen. Das stößt nicht immer auf ungeteilte Begeisterung, schon gar nicht in den sogenannten „eigenen Reihen", die sich vom Repräsentanten einer Partei mit absoluter Mehrheit oft nicht nur absolute Durchsetzung, sondern auch totale Besetzung eines Themas erwarten. Genaugenommen könnte man das „oberösterreichische Klima" dadurch definieren, dass die Abgeordneten der Regierungspartei mit den eigenen Regierungsmitgliedern und dem Landeshauptmann dann und wann gar nicht sehr zufrieden sind ... (wobei sie im übrigen in ihrem eigenen Wirkungsbereich, in den Bezirken und Gemeinden meist denselben kooperativen Stil pflegen!).

„Oberösterreichisches Klima" ist aber nicht nur ein „Binnenphänomen" im Lande. Es bezieht sich auf die innere Struktur, auf die Relation zu Bezirken und Gemeinden und zwischen diesen Gebietskörperschaften, und auch die Beziehung zum Bund. Es gelingt Oberösterreich und seinen Vertretern immer wieder, Impulse zur Verständigung zu setzen und bundesweite Einigungen vorzubereiten und herbeizuführen. In vielen wichtigen Fragen kann Oberösterreich dank seiner Vorreiterrolle - Wirtschaftserfolg, Beschäftigungslage, Sozialsystem, Umweltsituation - die gesamtösterreichische Linie vorgeben oder zumin-

dest wesentlich mitbestimmen. Dort und da sind wir sicher (und wir schämen uns gar nicht dafür!) die „Musterschüler" Österreichs, im besonderen auch, was unsere Außenpolitik anbelangt. Seit zwei Jahren haben wir aufgrund einer Verfassungsänderung die Möglichkeit „Staatsverträge" einzugehen, und wir nützen diese Chance, besonders im Umweltbereich. Aber unsere guten Beziehungen zu Bayern und zur CSFR, zu Schwaben und zur Ukraine, um Beispiele zu nennen, bestehen schon viel länger als das offizielle Pouvoir! Und so gelingt es uns auch, unsere Idee eines „Europa der Regionen" im EG-Raum ebenso zu vertreten wie in der Arbeitsgemeinschaft Donauländer und vor allem in der Arbeitsgemeinschaft Alpen-Adria. Unser derzeitiger Vorsitz in der ARGE Alpen-Adria stellt für uns unter anderem die Möglichkeit dar, ein wenig „oberösterreichisches Klima" hinauszutragen und den europäischen Einigungsprozess beschleunigen zu helfen.
(1991)

Hans Kumpfmüller, aus:
STIEFMUTTERLAND & GROSSVATERSPRACHE

Auf dem Postamt befand sich ein Schrägpult mit einer kleinen runden Ausnehmung, in die früher einmal ein Tintenfaß hineinpaßte. Schon lange war kein Tintenfaß mehr darin, aber das Schrägpult stand trotzdem noch in der Ecke des Postamtes.
Es war nämlich in dem kleinen Ort wieder üblich geworden, daß man Dinge oder Menschen, die man nicht mehr brauchte, oder glaubte, nicht mehr zu brauchen, einfach in irgendeine Ecke zu stellen.
Die Ecken waren daher alle belegt, und deshalb fehlte es an allen Ecken und Enden. Am Schrägpult wurde nicht mehr geschrieben, so wie auf dem Postamt überhaupt sehr wenig geschrieben wurde. Es wurde vielmehr gesprochen, die Reden aber waren nicht minder schräg.
Einmal, es war gerade jene Zeit, als man den Keller des Gemeindehauses mit einem Pflaster ausstattete, redete der Pfarrer mit dem Gemeindesekretär und sagte ihm, er vergönne es zwar den Leuten im Gemeindehaus, daß man ihren Keller mit einem Pflaster versehe, aber seine Haushälterin, die Köchin, wie man sie ganz einfach nannte, hätte auch gerne so ein Pflaster im Keller des Pfarrhauses.
Und jetzt, meinte er, ginge es sowieso in einem Aufwaschen. Er sei da, um mit ihm darüber zu reden, und er, der Sekretär, solle doch mit dem Bürgermeister reden, es ihm aber nicht so direkt sagen, daß sie beide darüber geredet hätten, sondern vielmehr betonen, daß sich seine Köchin nun plötzlich auch so ein Pflaster einbilde. Der Gemeindesekretär versprach dem Pfarrer, er wolle mit dem Bürgermeister diesbezüglich reden.
Er redete nicht mit dem Bürgermeister, nahm aber irgendwann eine Schaufel, ging in den Keller des Pfarrhauses, beseitigte den

zentimeterhohen Dreck vom Boden und legte ein Pflaster frei. Er zeigte es dem Pfarrer und empfahl, die bereits begonnene Arbeit entweder selbst fortzusetzen, oder durch Dritte fortsetzen zu lassen. Somit war auch die Pfarrersköchin im Besitze eines ordentlichen Pflasters und das Pfarrhaus um eine wohnliche Facette reicher geworden.

Der Sortiervorgang der Poststücke wurde von der Zimmerhanslmietzi in Allhier vorgenommen, während die Verteilung durch den bosdbod in Ebenda geschah. Während der Sommerferien ging im unmittelbaren Windschatten des Postboten ein kleiner Bub in die verschiedenen Häuser und fragte, ob man ihm die Sondermarke auf dem heute zugestellten Brief überlassen könne.

Meist hatte man noch gar keine Zeit gehabt, die Briefe anzuschauen, aber fast überall erhielt er die Sondermarken. Man vergewisserte sich lediglich, ob die Briefmarken tatsächlich mit einem Stempel versehen waren. War dies der Fall, so stellten sie ohnehin keinen Wert mehr dar, und man gab sie ihm bereitwillig. Hatte man auf dem Aufgabepostamt allerdings vergessen, die Briefmarken abzustempeln, wurden ihm die gezackten Kleinstwertpapiere vorenthalten. Man sammelte sie vorerst, um sie dann später, wenn man leichter Zeit hatte, gewissermaßen in Heimarbeit, über Dampf zu halten und so wiederzuverwerten.

Deshalb waren dem kleinen Buben bereits im zarten Volksschulalter Eigenschaften, Wirkung und Einsatz von Dampf bekannt. Seine physikalische Experimentierfreudigkeit fand einen ersten Höhepunkt. Später einmal soll es ihm sogar des öfteren gelungen sein, selbst aus Alkohol Dampf zu erzeugen - ein Verfahren, das er dummerweise nie patentieren ließ.

Sonntags ging man zur Kirche. Die Frauen saßen in den linken Stuhlreihen der Kirche, während die Männer die rechten belegten. Erst kurz nachdem der Chor, das Lied „Herr du hast mein Flehn vernommen" angestimmt hatte, also jenes Lied, mit dem man den meisten wirklich aus der Seele sang, standen alle, Männer und Frauen, gleichzeitig auf. Den Frauen war es dann noch gestattet, kurz auf den Kirchenbänken Platz zu nehmen, um dort so lange auszuharren, bis auch der letzte Mann die Kirche verlassen hatte. So gewährte man den Männern den Vortritt, denn die hatten noch ein ziemlich dichtes Sonntagsvormittagsprogramm zu absolvieren. Sie mußten schließlich auf dem Kirchplatz Aufstellung nehmen und dann das Gasthaus besuchen. Während die Frauen nur kurz einzukaufen brauchten, sich dann aber nach Hause begeben durften, um das sonntägliche Mal zuzubereiten, mußten ihre Männer, wie immer draußen im feindlichen Leben, ausharren und im Wirtshaus ihren Mann stellen.

Der Kirchplatz war jener Platz, der der Kirche und der Schule vorgelagert war. Die Schüler nannten ihn Schulplatz, während er von den Erwachsenen ausschließlich kirabloz genannt wurde. Zu einer donnerstäglichen Definition dieses Platzes konnte man sich allerdings nie durchringen. Donnerstags fand eine Schülermesse statt, und dabei nahmen die Schüler auf diesem Platz Aufstellung. Da war er praktisch Schul- und Kirchenplatz gleichzeitig.

Früher einmal, während des Krieges, war das Postamt auch am Sonntag nach der Kirche geöffnet. Da mußten sich die Männer zuerst auf den Kirchenplatz, dann auf das Postamt, und später erst ins Wirtshaus begeben. Ein überaus dichtes Programm, aber schlechte Zeiten fordern bekanntlich Opfer.

Margit Schreiner

DIE BINDERMICHLER

Der Bindermichl ist ein Stadtteil von Linz. Zum Bindermichl gehören: die Bindermichler Schule, die Bindermichlkirche, der Hummelhof, das Hummelhofbad - "Waldbad Hummelhof" seit neuestem - und einige VÖEST-Siedlungen.
Für die Bindermichler war der Hummelhof das wichtigste. Der Hummelhof ist ein Teil eines Landes, das einmal war. Als es war, war es waldig. Jetzt stehen dort, wo früher die Wälder gewesen sind, Häuser. - Nur ein Stück Land hat man gelassen, wie es immer war: den Hummelhof. Mit der Zeit hat man auch ihn verändert. Wege durchgelegt und Wiesen angelegt und Kinderspielplätze gebaut. Bänke aufgestellt und Laternen angebracht. Ich war jetzt schon länger nicht mehr dort. Es heißt, der Hummelhof soll heute ein Spielpark für alte Leute sein. Ein riesiges Schachbrett. Man soll dort zu jeder Tages- und Nachtzeit vor allem alte Männer sehen, die überall sitzen und Schach spielen.
Früher, als ich noch in den Hummelhof gegangen bin, war es kein Park, sondern ein Wald, und es waren keine alten Männer dort, sondern junge, und die haben nicht Schach gespielt, sondern Bier getrunken und geredet. Es ist also unmöglich, daß die alten Männer von heute die jungen Männer von damals sind.

Käthe Recheis
LENA - UNSER DORF UND DER KRIEG

Am nächsten Morgen wachte ich sehr früh auf. Es waren die Vögel, die mich geweckt hatten. Amseln hüpften im Spalierbaum an der Hausmauer herum. Spatzen tschirpten so laut, als wäre ein Riesenschwarm in unseren Garten eingefallen. Die Spatzen schwatzten und lärmten nur, die Amseln aber hatten einen unerschöpflichen Reichtum an Melodien.
Eine Amsel flötete in ganz hohen Tönen.
Im Haus rührte sich noch niemand, am Sonntagmorgen standen alle später auf als an Wochentagen. Ich wollte nicht mehr allein sein, schlich zum Zimmer meiner Eltern und zog leise die Tür auf. Mein Vater drehte mir verschlafen den Kopf zu. „Bist du's Leni?", murmelte meine Mutter, ohne richtig wach zu werden. Ich schlüpfte neben meinen Vater unter die Bettdecke, kuschelte mich an ihn und schlief wieder ein.
Als wir in die Küche gingen, waren alle Häuser beflaggt, auch der Gruberhof. Es sah aus, als würde im Dorf ein Fest gefeiert. In der Kirche war alles wie an jedem anderen Sonntag. Der Pfarrer trug sein mit Gold und Silber besticktes Meßgewand, die Ministranten schwenkten die Weihrauchfässer, die Orgel spielte, und der Chor sang auf lateinisch. Vorne, auf dem Betschemel neben dem Altar, kniete der Kaplan und schaute noch trauriger drein als sonst. Nach dem Hochamt blieben die Kirchgänger immer in kleinen Gruppen plaudernd beisammenstehen. Diesmal gingen alle rasch fort. Willi war wütend auf seinen Vater und sagte, im Fischerdörfl hinge bestimmt keine einzige Fahne, die seien nicht so feig. Aber Willi täuschte sich. Auch im Fischerdörfl war jedes Haus beflaggt. Es hätte ihn trösten müssen, als wir es vom Inspektor erfuhren, machte ihn aber nur noch zorniger.
Auf dem Heimweg trafen wir den Hemeler Fritz und den

Niedermeier Ernstl. Sie marschierten mit einer zusammengerollten Fahne an uns vorbei und schrien uns „Heil Hitler" zu.
Frau Schieder und Rosa ließen sich nicht blicken. Der Führer war noch immer in Linz. Im Radio hörten wir, daß er beschlossen hatte, vor der Weiterfahrt nach Wien sein Elternhaus und das Grab seiner Eltern in Leonding zu besuchen. Die Bevölkerung wurde aufgefordert, die Straßen zu säumen und den Führer zu begrüßen. Tante Steffi drehte das Radio ab und sagte, vom Hitler habe sie jetzt mehr als genug, zumindest am Sonntag wolle sie ihre Ruhe haben.
Nach dem Mittagessen - ich saß auf dem Brunnenstein und streichelte Minni - hielt das Auto aus der Stoffabrik vor unserem Haus an. Frau Schieder stieg aus, der Chauffeur wendete und fuhr wieder fort. „Leni, ist dein Papa daheim?" rief Frau Schieder mir zu. Als ich nickte, eilte sie an mir vorbei ins Haus hinein. Ihr Gesicht war gerötet, und der Haarknoten im Nacken saß schief. Ich folgte ihr, ich wollte wissen, was los war.
Und es war wirklich allerhand los. Unsere Familie war schon wieder angezeigt worden, weil wir, als Ernstl und der Fritz mit der zusammengerollten Fahne an uns vorbeigegangen waren, nicht die Hand zum Deutschen Gruß erhoben hatten.
„Das kann ja lustig werden, wenn das so weitergeht!" murmelte Christoph, der am Tisch saß und in seinem Höhlenjägerbuch gelesen hatte.
Meine Eltern fanden es aber gar nicht lustig und Frau Schieder auch nicht.
Meine Mutter sagte: „Was sind das für Zeiten, wenn einen zwei dumme Buben wegen nichts und wieder nichts anzeigen dürfen!"
„Das hab ich dem Gustl auch gesagt!" erklärte Frau Schieder. „So etwas tut man nicht. Was werden die Leute im Dorf dazu sagen! Aber Sie wissen ja, wie der Gustl ist, wenn er sich etwas in den Kopf gesetzt hat. Die Luise hat mir aber zugeflüstert, daß er die Anzeige bestimmt zurücknimmt, wenn Sie alle nach Leonding

kommen. Da bin ich gleich zu Ihnen gefahren. Gott sei Dank , daß Sie da sind, Herr Doktor! Ich hab mir schon solche Sorgen gemacht."

Mein Vater antwortete, es sei nett von ihr, daß sie zu uns gekommen sei; nach Leonding fahren wollte er aber nicht. Da wurde Frau Schieder noch aufgeregter. Sie fragte, ob wir nicht Radio gehört hätten. Im Radio würden die Namen von Ärzten, Bürgermeistern und Gemeindesekretären durchgegeben, die nicht in Leonding seien. Der Sprecher fragte immer wieder, warum man den und jenen noch nicht in der Menge sähe.

„Dann fahren Sie nur schnell wieder nach Leonding, Frau Schieder", sagte Tante Steffi. „Sonst ist der Hitler dort, und Sie sind nicht da, und dann wird man Ihren Namen im Radio durchsagen!"

Frau Schieder jammerte, wenn wir sie nicht hinbrächten, könnte sie nicht rechtzeitig zurück sein. Der Chauffeur aus der Stoffabrik habe nicht auf sie warten wollen, er sei gleich wieder fort, um nichts zu versäumen.

Mein Vater und meine Mutter wechselten einen Blick.

„In Gottes Namen - dann fahren wir halt!" sagte meine Mutter.

„Ohne mich!" sagte Tante Steffi.

Der Großvater saß stocksteif im Lehnsessel und sagte gar nichts.

„Kommst du mit, Christoph?" fragte Frau Schieder.

„Nein" sagte er und starrte in sein Buch. „Ich will es lesen."

Frau Schieder lächelte nachsichtig und meinte, so seien sie, die Buben. Über einem spannenden Buch vergäßen sie alles andere. Christoph war ihr Liebling, er konnte tun, was er wollte, sie wurde nie auf ihn böse.

In unserem Dorf hatten nur mein Vater, der Tierarzt, Gustav Perwanger und der Stoffabrikant ein Auto. Unser Auto war ein Steyr Zwölfer mit einem kastenartigen Aufbau. Bei schönem Wetter konnte man das Dach zurückrollen, und auf dem Rücksitz hatte eine ganze Menge Kinder Platz. Wenn mein Vater seine

Krankenbesuche machte, durften Berni, Willi und ich und oft auch andere Kinder mitfahren. Besonders die Fischerdörflerkinder waren ganz wild auf solche Fahrten. Sobald auf der Landstraße weit und breit kein Pferdefuhrwerk zu sehen war, stieg mein Vater aufs Gas, bis die Nadel auf 60 km/h kletterte, die Steine unter den Reifen wegspritzten und wir vor Begeisterung schrien. Diesmal saß nur Frau Schieder mit mir hinten auf dem Rücksitz, und mein Vater fuhr kein Rennen. Bevor wir zur Landstraße kamen, sah ich Strolch mitten in einem der Felder sitzen. Regungslos hockte er dort und lauerte Mäusen auf. Frau Schieder erzählte uns vom abendlichen Fackelzug in Linz, sie erzählte, wie ergreifend es gewesen sei, als der Führer auf dem Balkon des Rathauses erschienen war und gerufen hatte, er habe von der Vorsehung den Auftrag erhalten, seine teure Heimat dem Deutschen Reich wiederzugeben. Frau Schieder sagte, viele hätten geweint, und auch ihr seien die Tränen gekommen.
Bei der Abzweigung nach Leonding parkten wir das Auto und gingen zu Fuß weiter. Die Häuser, an denen wir vorüberkamen, waren beflaggt. Auch andere Leute pilgerten nach Leonding. Viele Kinder hatten Fähnchen in der Hand.
Als wir zur Bahn kamen, blieben wir vor dem Übergang am Straßenrand stehen. Weitergehen war unmöglich, weil schon zu viele Leute da waren. Jemand schrie: „Er kommt!" und alle fingen „Heil Hitler" zu schreien an oder riefen im Chor: „Ein Volk - ein Reich - ein Führer". Es war aber ein falscher Alarm gewesen. Frau Schieder sagte, wenn der Führer komme, sollte ich ihm zuwinken und laut mit den anderen schreien.

Noch ein paarmal gab es falschen Alarm, dann kann der Führer wirklich. Wir merkten es an dem Geschrei, das nicht aufhörte, zuerst schwach aus der Ferne, dann immer lauter und näher. Rund um uns jubelten die Leute.
Plötzlich klingelte es im Bahnwärterhaus, der Stationsvorstand

eilte heraus und ließ die Schranke herab. Sie senkten sich gerade in dem Augenblick, als das Auto mit dem Führer heranrollte. Alle wollten hin, ich wurde von der Menge mitgerissen, sie schoben, stießen und boxten. Ich konnte nichts sehen, war eingeklemmt zwischen lauter fremden Leuten, bekam fast keine Luft, wurde weitergeschoben und gestoßen.

Eine Frau faßte mich unter den Armen und hob mich in die Höhe. „Da, Kind! Schau dir unseren Führer an!" schrie sie mir ins Ohr.

Im offenen Auto stand ein Mann in brauner Uniform, mit einer braunen Kappe auf dem Kopf und einem kleinen Schnurrbart auf der Oberlippe. Es war der Mann, den ich auf Rosas Foto gesehen hatte. Hände streckten sich ihm entgegen, er schüttelte einmal diese Hand, dann jene, dabei schaute er starr über alle hinweg.

Die Frau, die mich aufgehoben hatte, hielt mich dem Führer hin. Er legte mir die Hand auf den Kopf. Die Leute jubelten noch lauter als zuvor. Dann wurden wir weggedrängt, ich strampelte und trat der Frau mit den Füßen in den Bauch. Ein Zug donnerte vorbei. Die Schranken öffneten sich. Das Führerauto rollte weiter. Jetzt endlich stellte mich die Frau auf den Boden.

Ich schrie: „Mama! Papa!", und auf einmal standen sie neben mir. Mama drückte mich an sich. Frau Schieder rief: „Haben Sie es gesehen? Der Führer hat Leni die Hand auf den Kopf gelegt!" Sie wollte unbedingt nach Leonding, um den Führer noch einmal zu sehen und um Rosa und die Perwangerfamilie zu suchen. Meine Mutter wollte heim, sie sagte, sie hätte in dem Wirbel genug Angst um mich ausgestanden, ein zweitesmal riskiere sie das nicht. Wir trennten uns also, Frau Schieder lief der Menge nach, und wir machten uns auf den Heimweg. Als wir mit dem Auto von der Landstraße in die Dorfstraße einbogen, sah ich Strolch noch immer im Feld lauern.

Am selben Tag, aber schon gegen Abend, holte mich Frau Schieder in die Tischlerei. Sie hatte Luise Perwanger eingeladen und noch ein paar Frauen aus dem Dorf. Keiner war so nahe an

das Auto des Führers herangekommen wie ich, nicht einmal Gustav Perwanger. Deshalb war ich etwas Besonderes.
Um den Wohnzimmertisch, den Frau Schieder weiß gedeckt hatte, saßen Luise und die anderen Frauen aus dem Dorf, aßen Schokoladentorte, tranken Kaffe und löffelten Schlagobers.
Rosa hockte auf dem Sofa und sagte kein Wort. Sie hatte zusammen mit der Perwangerfamilie einen sehr günstigen Platz beim Elternhaus des Führers gehabt, hatte aber das lange Stehen nicht ausgehalten. Gerade in diesem Augenblick, als der Führer kam, war ihr übel geworden. Rücksichtslose Leute hatten sie noch dazu in den Hintergrund gedrängt.
Luise Perwanger und die anderen Frauen redeten auf mich ein und wollten wissen, wie es sei, wenn einem der Führer die Hand auflege. Dabei tätschelten sie mich ab, als sei ich eine wundertätige Statue. Luise Perwanger seufzte und sagte: „Wenn das meinem Manfred oder meinem Hermann passiert wäre, die würden es ihr Leben lang nie vergessen." Frau Schieder hatte die Hände auf dem Schoß gefaltet und schaute sehr zufrieden drein. „Ja, Luise, ihr habt zwar Ehrenplätze gehabt, aber alles kann man nicht haben, die Hand aufgelegt hat unser Führer nur der Leni!"
Rosa stand auf und ging aus dem Zimmer. Außer mir merkte es niemand, nicht einmal Frau Schieder.
Endlich ließen sie mich in Ruhe und wandten sich wieder dem Schlagobers und der Torte zu. Frau Schieder wickelte ein großes Stück in Butterpapier und gab es mir für Christoph mit.
Aus ich die Stiege hinunterging, hörte ich Rosa in der Werkstatt weinen. Ich legte das Tortenstück auf die unterste Stufe und öffnete die Tür. Rosa kauerte zusammengekrümmt auf dem Boden, inmitten von Sägespänen und Sägemehl.
„Rosi!" sagte ich.
Sie hob das Gesicht, es war tränennaß und rotfleckig. „Dir hat er die Hand aufgelegt! Ausgerechnet dir!" stieß sie hervor.
„Ich kann doch nichts dafür!"

„Geh weg! Ich will dich nie wieder sehen!"
„Meinetwegen hätt`er dir die Hand auflegen können, Rosi", sagte ich. „Ehrenwort! Ich hätt's dir vergönnt."
Sie schluchzte nur noch ärger. „Wir sind Feinde! Sag's dem Christoph!"
Ich wußte nicht, was ich antworten sollte, ich machte die Tür zu, nahm das Tortenstück und ging heim.

Josef Lehner
SAUHEITERE KUHHAUT

Landlbirn und Korn, Hafer und Kriecherl, Vogelbeer und Zwetschken: Wer in Oberösterreich diese Früchte von Feld und Baum aufzählt, der weiß, worum es geht. Vom Schnaps wird geredet, und damit über die höheren geistigen Wertschöpfungen der Bauern. Früher war es selbstverständlich, daß auf jedem Hof alljährlich, wenn die Nebel einzogen und der Frost sich ansagte, die Brennkessel angeheizt wurden. Da wurde alle Frucht, die nicht unmittelbar in den Menschen- und Viehmägen verwertet werden konnte, destilliert. Nach den großen Kriegen war es nicht anders erlaubt und, wenn das Volk hungerte, auch nicht anders gesittet: Das sogenannte Aftergetreide, also der Druschrückstand, wurde zum Kornernen gebrannt, die sauren Äpfel und Birnen zum Obstler. Und schließlich wurde der übriggebliebene Most noch in die Kupferbirne geschüttet und verdampft. Heraus kam ein Produkt, das meist durch Alkoholgrade und weniger durch Geschmack überzeugte. Für eine besonders deftige Mischung wurde der Name „Sauhäuterner" geboren. Das mag heißen: derb wie die Haut des Schweines - aber wer daran nippt, wird sogleich sauheiter. Den scharfen Tropfen sollten die Bauern für Mensch und Tier als Medizin produzieren. Trotz staatlichem Alkoholmonopols haben sie dieses Recht seit mehr als 200 Jahren verbrieft: von der reformerischen und menschenfreundlichen Kaiserin Maria Theresia.
Die Spezialisierung der Landwirtschaft bewirkte, daß die Obstgärten der Motorsäge zum Opfer fielen und daß alles Getreide im Lagerhaus abgeliefert wurde. Die bäuerliche Jugend schwor dem Selbstgebrannten ab und huldigte dem Whiskycola. Neuerwachtes ländliches Selbstbewußtsein hat die Tradition mittlerweile gerettet: Heute schlagen sich die jungen Landwirte wieder

vor ihren Brennern Tage und Nächte um die Ohren, um zu garantieren, daß die glasklare Köstlichkeit, in bester Qualität ins Sammelgefäß rieselt. Das Schnapsbrennen wird vom Bauern nicht bloß als Hobby, sondern als Erwerbszweig betrieben: sortenreicher und qualitätsvoller denn je, in ansprechenden Flaschen und zeitgeistigem Design präsentiert.
Maria Theresia hat weitblickend gedacht.

Johannes Riedl
EINE KRAFT IN DEN MITTEN

Ober-österreicher zu sein, flößt eine stolze Identität ein; nicht im Unterschied zu Unter-österreichern, die es nicht geben soll und darf, heute. Traurig genug, ihre kalte Spur, die sie im Land hinterlassen haben, vernarbtes Todesnetzwerk zwischen ehemaligen Konzentrationslagern. Gusen und Mauthausen gab es, ich bezeuge dies. Daher lebe das Projekt einer „Erziehung nach Auschwitz", damit der tragische Holocaust im Gedächtnis bleibe.

Oberösterreicher, diese Identität umklammert Mühlviertler – ich bin einer – Traunviertler, Innviertler, Hausruckviertler. Sie mischen eine Synergie, die Luxurierung eines besonderen Charakters: bodenständig, selbstbewusst, kraftvoll, zielorientiert und offen – neugierig; in Wien merkwürdig karikiert mit „die Preußen Österreichs".
Dem Wanderer, dem Reisenden durch Oberösterreich, wer über das Land fliegt, dem erschließt sich die gleichermaßen faszinierende oberösterreichische Geopsyche: weit und aufwärts, sanft und hart, verborgen und offen, zart und wuchtig.

Im Westen nennen sie uns „Innerösterreicher". Inn und Böhmerwald, oft auch die Enns, markieren starke Grenzen. Sie reizen zur Überschreitung. Unsere Wirtschaftsdynamik, an der Exportrate ablesbar, verlangt eine größere Welt, die globale. Hinter der Wirtschaftskraft wirkt ein Erfinder- und Leistungswille, der mit der Bildungswirkung verknüpft, Erfolg schafft. Den wirtschaftlichen Mehrwert nenne ich eine Metamorphose des Bildungswertes, getragen von ehrgeizigen Eltern, motivierten Schülern und tüchtigen Lehrern. In Oberösterreich steht auf dem Wegweiser in die Zukunft: Bildung.

Stifter, Bilger und Kubin blieben, Kepler kam, Bahr und Ransmayr gingen, Bruckner und Wagner-Jauregg lockte Wien, so auch Attersee. Ohne den Brennpunkt der Volluniversität wird geistige Kraft abgesogen, besondere Herausforderung für die Kunstuniversität und die theologische Universität, den Aderlass mit einem technokratischen Übergewicht im tertiären Bildungsbereich auszugleichen.

Kultur lebt von Osmose. Die Membran der Grenze bleibe durchlässig. Wer sie verstärkt, mumifiziert sie und grenzt ab. Kultur in Oberösterreich zeigt sich nicht in subventioniertem Zuckerguss der Hochkultur, sondern in einer Breite, die zulässt, was Kreativität hervorbringt: Brauchtum, Ars Electronica Center, Posthof, „Kupf" und Musiktheater.
Musik beglückt, Musizieren begeistert. So sehe ich in den Landesmusikschulen Kraftwerke des Geistes. Ihre Wirkung werden die späteren Generationen ernten. Als Nachhaltigkeit wie jene der Talmud-Schulen.
Die kulturelle Kraft der Architekten haben Generationen, auch des feinfühlenden anonymen Bauens, in die Gegenwart hereingetragen. Die Nachkriegszeit, so beklage ich, hat die Architekturjuwelen landauf, landab mit Bauwüste umgeben. Die begabten Architekten warten auf die Chance einer Wiedergutmachung.

Das Aderwerk der Kultur in Oberösterreich mündet in einen Kulturstrom. Wer ihn sieht, muss wissen, dass es ein Meer gibt. Dorthin drängt die Suche nach „mehr". Diese Suchbewegung begleiten in Oberösterreich lebendige Kirchen. Ihr gesellschaftliches Gewissen bewirkt, dass in Oberösterreich niemand im Stich gelassen wird.

Ober-österreicher zu sein, flösst eine stolze Identität ein.

Eva Eckmayr

WIR WAREN IMMER STEINREICH

Obwohl in den „guten" 70-er Jahren geboren und aufgewachsen, war meine Kind- und Jugendzeit als Tochter einer Bergbauernfamilie sehr bescheiden und einfach, doch habe ich mich immer sehr glücklich und behütet gefühlt.

Als besondere Erinnerung ist für mich das „Burgspiel". Gemeinsam mit Geschwistern und Nachbarskindern haben wir in einem Waldstück oberhalb unseres Hofes, auf dem unzählige Felssteine verschiedenster Größe lagen, ein „Schloss" mit sämtlichen Nebengebäuden wie Verlies, Schatzkammer usw. aufgebaut. Bei diesem wunderbarem Spiel in freier Natur vergingen die Nachmittage wie im Fluge. Meine Großmutter (sie ist mittlerweile 96 Jahre) sagte immer, an jener Stelle wäre vor langer Zeit einmal die Burg Hochegg gestanden. Wie schade fanden wir es, dass nichts mehr von den Ruinen stehen blieb und waren fast böse, wenn Vater bei Umbauarbeiten oder Wegsanierungen Steine brauchte. Die Parzelle soll durch ihre kreisförmige Gestalt einzigartig in ganz Österreich sein, und stellt deshalb trotzdem eine Besonderheit für uns dar, wenngleich sie nur gering forstwirtschaftlich ertragreich ist. Bemerkenswert ist auch die schöne Aussicht über das Eferdinger Becken bis ins Mühlviertel und die Stadt Linz, bei besonderem Wetter sogar das Gebirge.

Doch wir waren eigentlich immer „steinreich". Durch die Bodenerosion ist es notwendig, die Felder jährlich oft bis zu zweimal von den Steinen zu befreien, eine Arbeit, die sich manche nur schwer vorstellen können und die Landwirte im Flachland nicht kennen. Ganze Traktoranhängerfuhren voll Steinen werden „geklaubt" und zur Befestigung von Hohlwegen weggefahren.

Mittlerweile bin ich verheiratet und vom elterlichen Betrieb, den inzwischen mein Bruder übernommen hat, weggezogen. Ich bin stolz darauf, dass mein Bruder trotz erschwerter landwirtschaftlicher Bedingungen den Bauernhof weiterführt. Viele Sorgen und Nöte kommen bei der Bewirtschaftung eines Bergbauernhofes noch hinzu: Das Befahren der steilen Hänge, die Wasserknappheit bei trockener Witterung im Sommer, ebenso das „Brennen", wenn die Sonne das letzte Grünfutter verdörrt, die schlechte Erreichbarkeit bei schneereichen Wintern und nicht zuletzt das abwertende Gehabe mancher stolzer Flachlandbauern. Hier möge auch einmal gesagt werden, welchem Druck vor allem die Milchbauern ausgesetzt sind. Natürlich regelt Angebot die freie Marktwirtschaft, doch haben wir nicht außer dem Milchüberfluss auch ein Überangebot an Lehrkräften, Kindergärtnerinnen, usw? Anderen Berufsgruppen könnte man schließlich auch nicht einfach den Gehalt kürzen, nur weil es in dieser Sparte so viele gibt. Vielleicht war es ein Fehler der Landwirte, sich so den Milchmultis auszuliefern. Nach meinem Gefühl schlägt man trotzdem in der Landwirtschaft nach wie vor die falsche Richtung ein.

Als Tourismusland braucht Österreich die Bauern als Landschaftspfleger, ein jeder wird bestätigen, dass kein anderes Land landschaftlich so gepflegt ist wie unseres. Ich verstehe daher nicht, warum so viele Bauern zum Aufgeben gezwungen werden, wie viele Straßenkilometer an Böschungen müssen nun von der Straßenmeisterei gemäht werden?

Heinz-Helmut Hadwiger
GRANITMENSCHEN

Als ich vor dreißig Jahren hierher ins nordöstliche Oberösterreich kam, dachte ich, ein zugereister Wiener, hier würde ich auf energischen Widerstand stoßen, den ich nicht durchdringen könnte, würde ich ewig auf Granit beißen.
Als wären die Menschen hier hart wie Granit! Zu sich selbst, zu den andern! Fest und unerbittlich wie Granit, jenes Tiefengestein aus fein- bis grobkörnigen Teilen von Feldspat, Quarz und Glimmer, worauf und woraus sie ihre „stoabloßn Heisa" (steinbloßen Häuser), bauten, als wär's Granitum Marmoris (Lat., N.) = gekörntes Marmorgestein! (gekörntes?) Cum Grano Salis! Nicht ganz wörtlich zu nehmen, mit einer gewissen Einschränkung, mit jenem Körnchen Salz, das als Wahrheit in jedem Vor- und Ersturteil steckt, das man sich vorschnell bildet.
Granum (Lat., N.) = Das Korn, auf das ich die Mühlviertler genommen habe, die von ihresgleichen und den Städtern (sprich: Linzern) nicht für voll-, nicht vorurteilsfrei Angenommenen, die vom Normalen ausgenommenen, die zum Gespött ausgewählten, die als verrückt/verrucht Ausgesuchten, die zum Gegenstand des „Mühlviertler Witzes" Erniedrigten.
Granulum (Lat., N.) = Das Körnchen, das an Wahrheit in jedem dieser diffamierenden Scherze steckt, wie das Übermaß an Überheblichkeit der Linzer, die (wie die Wiener) ihr Burgenland, (wie die Deutschen) ihr Ostfriesland brauchen, aber ich habe die Flinte nicht ins Korn geworfen! Zumal hier auf der Mühlviertler Alm auch nur mühsam Korn gedeiht!
Manchmal hab` ich mich schwer und hart getan mit diesen Granitmenschen, die nicht aus ihrer Festung/Fassung zu locken sind, die sich hinter den Felsen verschanzen, die im dunklen Stadel ihre Pläne ausbrüten, im stillen Kämmerlein ihre Finten

(Bauernschlau?) aushecken und sich hinter sich selbst verstecken. Aber wenn auch - wie die durch südländisches Klima Verwöhnten meinen - in diesen Breiten acht Monate lang Winter herrscht, so taut es doch jedes Jahr von Neuem. Und wie eisig sie mir anfangs begegneten, mit ihrem gesunden Selbstschutz, so sehr sind sie in den Jahren unserer Gemeinsamkeit aufgetaut, haben sie ihr goldenes Mühlviertlerherz dem sprichwörtlich wienerischen entgegengehalten und aufgetan.
Wie die Natur hier, so brauchen auch die Granitmenschen etwas länger, bis sie warm werden, aufbrechen und ihre frostige Schale abwerfen, wenn sie sich auch nie dir zu Füßen werfen! Eher Abwurf ohne Vorwurf, Raus- ohne Aus-!
Neben dem kalten, eisernen Herzen muss es ein Granites geben! Nicht ganz so starr (stur) und undurchdringlich, wenngleich ebenso gewichtig und schwermütig, nicht ganz so ge- u. zufällig, aber noch nicht schwerfällig!
Und wenn wir davon ausgehen, dass ihre Hände hart geworden sind von der harten Arbeit, verstehen wir auch, dass selbst ihr Fingerspitzengefühl graniten ist, graniten ihr Denken, graniten ihr Planen und die Härte, das Vorgenommene Schritt für Schrott, Stein um Stein, Granit auf Granit, durchzusetzen, graniten letztlich ihre Zuverlässigkeit und ihre Selbsttreue, gleichwohl ob sie dem Betroffenen, vom Granit Getroffenen gut tut oder schadet, ihm nützt oder ihn schmerzt, ihm wohl will oder ihn schneidet! Keine Schneider himmlischer Hosen!: Granitschneider! Keine Speichellecker und Verlängertes-Rückgrat-Kriecher! Granitschmeichler und Granitklopfer! Keine Lobhudler oder Das-Blaue-vom-Himmel-Versprecher! Granitschlichter! Kristall(in)klare Steinbrecher!
Keine gefühllosen Oberösterreicher (wird`s ja auch wo geben!?), nein: waschechte Mühlviertler mit Granitgespür!

Helga Struzenberger

ES WAR ÜBERALL SCHÖN

Ich bin in Oberösterreich in Linz geboren und möchte voraussetzen ich liebe meine Heimat und möchte um nichts auf der Welt woanders leben.
1944 wurde ich mit meiner Schwester und meiner Mutter nach Arbing bei Frankenburg übersiedelt und bei einem Bauern einquartiert. Es war eine schwere Zeit, aber die Landschaft war berauschend schön und wir verbrachten nach dem Krieg viele Jahre den Sommerurlaub in Frankenburg. Dann wechselten wir unser Urlaubsziel und fuhren nach Schwarzenberg ganz nahe an der tschechischen Grenze. Dort war die Natur ganz anders und das Klima viel rauher. Es wehte immer der Böhmische Wind. Auch die Fauna und Flora war anders als im milderen Klima von Frankenburg. Es war viel steiler und die Felder und Wiesen waren schwer zu bewirtschaften. Auch die Menschen waren von den harten Bedingungen geprägt, sie waren zwar freundlich, aber gezeichnet von der schweren Arbeit. Mittlerweile war die Schulzeit zu Ende und ich musste mich mit weniger Urlaub zufrieden geben. Meine Freizeit und meine Wochenenden verbrachte ich aber immer in Oberösterreich. War es ein schöner Sonntag fuhr ich mit dem Bus auf die Gis, meistens mit der ganzen Familie und wir machten ein schönes Picknick. Der Ausblick über Linz war immer atemberaubend schön. Dann kam die Zeit der ersten Freundschaften und mein erster Freund lebte in Altheim bei Braunau. Auch diese Gegend habe ich lieben gelernt und die Ausflüge die wir machten sind mir immer noch in Erinnerung. Als ich dann eine Familie gründete und zwei Kinder hatte, lernten wir unsere Heimat noch besser kennen. Wir waren bei einem Wanderverein und es gab keinen Sonntag ohne eine kleine oder größere Wanderung. Es waren unzählige Ausflüge ins Mühlviertel,

Waldviertel, Weinviertel und Hausruckviertel. Es war überall schön und ich bin froh so eine schöne Heimat zu haben. Mittlerweile fahren wir auch schon mal auf Urlaub ins Ausland, aber wenn wir in Linz ankommen, weiß ich, dass es nirgends so schön ist wie in Oberösterreich.

Leopold Hummelbrunner

IN JEDER GESCHMACKSRICHTUNG

Zutaten für 4 Portionen:

Fülle: 50 dag gekochtes Traunviertler Bauerngeselchtes
12 dag Oberinnviertler Naturemmentaler aus silofreier Rohmilch
1 Bund Gewürzkräuter (Liebstöckl, Thymian, Petersilie)

Hülle: 50 dag mehlige Eferdinger Erdäpfel (Ukama oder Bintje)
10 dag Mehl
1 Ei aus Freilandhaltung
Bad Ischler Salz

Beilage: 50 dag Machland Sauerkraut
1/4 l Kremstaler Most
ca. 5 dag Schweineschmalz
1 säuerlicher Apfel
1 Speckschwarte
Wacholderbeeren
1 Lorbeerblatt

Garnitur: Schnittlauch
Bratensaft

So geht's:
Traunviertler Bauerngeselchtes grob faschieren, Oberinnviertler Naturemmentaler kleinwürfelig schneiden, Gewürzkräuter waschen, gut trocknen und fein hacken. Masse gut vermengen, ca. 20 kleine Knödel formen und im Kühlschrank ca. 1 Stunde rasten lassen.

Die Erdäpfel in der Schale kochen, schälen und noch heiß mit dem Erdäpfelstampfer zerdrücken und auskühlen lassen. Das Mehl und das Ei zugeben, gut durcharbeiten und mit Salz würzen. Aus dem Teig eine Rolle formen und 20 Teigstücke abschneiden. Die Fleischknödel damit umhüllen, nasse Hände erleichtern das Formen.

Reichlich Wasser zum Kochen bringen, salzen und die Knödel darin ca. 15 - 20 min bei schwacher Hitze ziehen lassen.

Machland Sauerkraut klein schneiden und mit den Gewürzen im eigenen Saft in einem Topf erhitzen, Kremstaler Most zugießen, Apfel reiben und untermischen, Speckschwarte einlegen, Zitronenschale einlegen und das Sauerkraut nach Wunsch weichkochen, Schweineschmalz erhitzen und über das fertige Sauerkraut gießen.

Pro Person 5 Knödel auf Bratensaftspiegel anrichten, Sauerkraut dazugeben, Knödel und Sauerkraut mit Schnittlauch bestreuen.

Als Getränk paßt dazu Oberösterreicher Most in jeder Geschmacksrichtung.

Auch das ist Oberösterreich.

Kerstin Silmbrod (10 Jahre)
ICH BIN SO GERNE IN OBERÖSTERREICH

Ich bin so gerne in Oberösterreich,
weil wir Berge und Seen haben
und wir deswegen soviel unternehmen können,
weil die Tiere bei uns gesund aufwachsen,
weil das Essen hier so gut schmeckt,
weil die Lehrer so nett sind und es genug Schulen gibt,
weil es viele freundliche Leute gibt,
weil im Frühling alles blüht, es im Sommer heiß genug zum Baden
ist, im Herbst der Wald ganz bunt wird und man im Winter schi-
fahren kann,
und weil es keinen Krieg gibt.

Stefanie Silmbrod (11 Jahre)

ZU JEDER JAHRESZEIT

Am besten ist, dass Oberösterreich ein Land ist mit vielen schönen Bergen und Seen und umweltfreundlichen Fabriken, wo die meisten Menschen Arbeit finden.

Im Winter kann man sehr viel Spaß beim Schlittenfahren haben, denn zu dieser Jahreszeit gibt es genügend Schnee.

Einmal bin ich im Sommer mit meiner Freundin im Alexenauerbach spaziert und bei besonders tiefen Stellen sind wir auch baden gegangen. Das Essen, finde ich, ist auch besser als im Ausland. Es gibt Spezialitäten und die verschiedensten Mehlspeisen.

Die Lehrer sind sehr nett - wenn man so die Geschichten von den Urlaubskindern hört. Meine Oma hat eine kleine Pension und da erzählen die Gäste, dass es ihnen sehr gut gefällt. Manche sind schon 25mal bei uns gewesen. Nach Oberösterreich zieht es auch viele prominente Urlauber, z. B. Bundeskanzler Kohl, Thomas Gottschalk, Prinzessin Caroline von Monaco, die diesen Sommer im Vöcklabrucker LKH ihre Tochter Alexandra zur Welt brachte.

Eigentlich hat meine Heimat Oberösterreich zu jeder Jahreszeit etwas zu bieten.

In diesem Sommer fahren wir nicht in den Urlaub. Aber es macht mir auch nichts aus, weil es hier so schön ist.

III

ES HAGELT AUGENBLICKE

Franz Rieger
LANDNAHME

Ich habe das Land friedlich genommen. Mit meiner Geburt. Niemand machte es mir streitig. Ahnenreste mütterlicherseits aus Böhmen hatten sich durch Generationen vorher angepaßt. Aber in mir sitzt noch ein Rest, denn je näher ich dem Norden der Staatsgrenze komme, um so deutlicher spüre ich ihn. (Bei meinem älteren Sohn scheint das noch ausgeprägter zu sein). Das sind angestammte Begleiterscheinungen, etwas wie Prägungen, die hier nicht selten sind und mich in meinem Land immer neu bestätigen, denn nirgends bin ich angepaßter als hier. Schon ein kurzes Entfernen sagt mir: Du gehörst dorthin, woher du kommmst. Kein Zweifel, sage ich, das weiß ich, mach es mir nicht noch schwerer.

Ich stelle es mir hin und wieder vor, ein Weltbürger zu sein. Doch ich habe das Zeug nicht dazu. Man kann nicht über seinen Schatten springen. Mein Schatten liegt hier in diesem Land. Versuche, und seien sie zaghaft oder auch erzwungen gewesen, in anderen Teilen des Kontinents oder gar in anderen Erdteilen, und somit in ganz fremden, Fuß zu fassen und nach heimatlichen Gefühlen zu suchen, waren immer von der Gewißheit des Übergangs begleitet. So gesehen waren Kriege und Gefangenschaft Zwischenspiele.

Ich beschreibe mein Land mit Worten ohne eine besondere Absicht, vielleicht nur mit der, den einen oder anderen teilhaben zu lassen, der es nicht sieht oder sehen kann, weil er anderweitig zu beschäftigt ist oder weniger Blick dafür hat. Es bestätigt mich, wenn dieser eine oder andere sagt, ja so ist es, das sehe ich auch so oder das kenne ich, das würde ich ebenso sagen. Mein Bestreben ist, auf einen Kern zu kommen, was aber nicht heißt, ihn herauszuschälen. Er läßt sich nicht herausschälen, weil es zu

viele unsichtbare Schichten gibt, die ihn umgeben. Und das ist gut so.
Jedes Land hat seine Seele, mit der die Bewohner in Wechselbeziehung stehen. Dieser Vorgang scheint mysteriös, ist aber nur einer von vielen natürlichen Vorgängen. Er entspringt einem Vermögen im Unvermögen, anders zu sein oder in Frieden zu leben. Nirgends sonst war ich der, der ich hier bin, in meinem Land. Das ist eine gewisse Beschränkung, die leicht zu ertragen ist, die einem etwas gibt, nämlich die Freiheit des Verzichts auf etwas anderes. Je älter ich werde, umso konsequenter erlerne ich es und umso leichter fällt es mir.

Gertraud Weik
VIER VIERTEL HAT S'LANDL

Unser Landl is net groß, do was zu bieten hat is ganz famos.
In vier Vierteln wird's teilt,
a jedes hat sei Besonderheit und anders san de Leit.
Am besten fanga ma im obern Teil an, da kimt's Innviertel dran.
De Gegend dort is hibsch uneben und rauh
des prägt dort de Leit ob Mann oder Frau.
Mit da Sprach tuart ma se stellnweis schon schwa,
des richtige Deutsch is dort rar.
Als rauflustig san d'Innviertler a bekannt
drum kimst a mal aufi in de Gegend
dan tua de benehma wiaß se se kehrt,-
kauf da a Kriagl Most und an Renken Speck denn so bleibst begehrt.

Bergauf - Bergab so kemma ma ins Mühlviertel umi,
s'Klima is nu a Spur rauher
und überall schaun de Granitstoana aua
Aber wer schon amal durch s'Land is gwandert
der hat denn Zauber sicha g'spiert,
warum se da Großstädter da außa va irrt.
De Leut da san offen, freundlich und nett und selbst
übern Mühlviertlerwitz lach ans recht keck!
Es bleibt nur zan hoff'm daß de Junga net alle gehn in d'Stadt
weil um so a gepflegte Gegend war ewig schad!

Unsa Roaß de geht weita ins Traunviertel abe,
da wo's Wasser s'Leben hat prägt.
Fischer und Flösser ham des Land dort besiedelt und
mit so manchen Fischerlatein besiegelt.

De Traun war früha a wichtige Verbindung zum Waren-Transport, und heut wern de Gewässer und Seen in der Gegend zur Wasserkraft g`nutzt, aba natürlich a für d`Freizeit aufputzt.
De Seen de san sauber und klar und zur Abkühlung im Sommer wunderbar.
Und wer kennt net unsern Hausberg in Traunstoan bei Gmunden, do tuat's net unterschätzen, er hat se bis jetzt jedes Jahr sein Opfer g`funden.
Denn nötigen Respekt schenkt`s da Natur, weil Du als Mensch, ziagst sicha bei da kürzeren Schnur!

Des Herz is da Hausruck wo s`Land is flach und eben,
drum tuats da a des meiste Obst und Gemüse geben.
De Leut san net zwida grad aussa mit'n Gmüat
und durch d`Industrie und Gewerbe a ziemlich kultiviert.
Als Flachlandla sans bekannt,
aba des is erna net zwida,
weil irgendwo muaß ja a amal eben sei im Land!

Vier Viertel hat`s Landl und koas tat i tauschn
oder gar vaschenga,
denn s'Herz tuart an da Hoamat henga.
Vier Viertel is a Ganz -
hat a g`sagt da Stelzhamer Franz
und so solls a bleib`m -
Oberösterreich s`Herz tuat mi allweil wieder zu Dir treib`m!

Josef Götzendorfer

ABER SCHON GEHT ES WEITER

Vor mir liegt deine Landkarte. Da ich auch etwas male, denke ich mir: „Das ist doch ein tolles Modell" und schon fliegt mir mein Pinsel in die Hand, will wild über die Leinwand sausen. Halt! Nicht so schnell! Zuerst brauchen wir ja doch etwas Farbe, da holt sich der Pinsel etwas Weiß und zaubert den Dachsteingletscher auf die Leinwand, schon zackt sich der Gosaukamm in grau ab, elegant gleitet die Pinselhand übers Tote Gebirge, bildet den Prielgrat mit seinem Gipfel, führt den Pinsel ins tiefe Blau um einige Bergseen abzubilden, aber schon geht es weiter zum Nationalpark Kalkalpen, zum Pyhrn, über den Hengstpass nach Laussa, zieht im Ennstal eine elegante Schleife und flitzt über das Reichraminger Hintergebirge wieder nach Westen zu den Salzkammergutseen und zaubert die vielen Täler, Wälder, Gewässer, Dörfer und Städte des Alpenvorlandes auf die Leinwand.
Schon saust mein wildgewordener Pinsel durch den Hausruck in den „Kummaussawald" (Kobernausserwald) über die Innviertlerseenplatte ins Ibmer Moor, durch den Weilhartsforst am Inn entlang nach Braunau, ostwärts nach Ried, über Wels und die Welser Heide nach Steyr.
Wir sind jetzt wieder an der Enns und gleiten nordwärts bis an die Donau. Beinahe hätten wir den Ennser Stadtturm gestreift.
Mein Pinsel und ich gleiten jetzt am Strome entlang, grüßen Linz, den Pöstlingberg und das Traunerland und sausen weiter durchs Eferdinger Becken zum Sauwald und nach Schärding.
Im Norden grüßen wir dann Passau, aber schon geht es wieder hinunter nach Engelhartszell, dann nach Norden zum Böhmerwald und zu Stifters tiefgründiger Welt, an den Mühlflüssen entlang wieder zur Donau, schlingen uns durch die Schlögener Schlinge, fangen uns beim „Ernst" einige Fische und

flitzen dann über Saurüssel und Haselgraben hinunter nach Grein, kratzen dort die Kurve Richtung Freistadt und mein Teufelspinsel begibt sich endlich in Sandl zur Ruhe.
Das mache ich auch jetzt, um vier Uhr früh, am 28. August 1999.
Euer erschöpfter Schreiberling.

Franz Kain
SERBENLINDE UND HOLLANDTULPEN

Die Erzählung von der Serbenlinde handelte davon, daß hundert Jahre nach dem ersten Krieg ein Feld in Mauthausen immer besonders fruchtbar war. Von dem Acker hieß es, daß darunter tausende serbische Kriegsgefangene, die in dem hiesigen Lager an Typhus zugrunde gegangen waren, begraben seien. Die Tochter eines Bauern und ein braungesichtiger Knecht, offenbar ein Abkömmling der Serben vor hundert Jahren, fanden sich schließlich in einer schwülen und bedrohlichen Sommernacht unter einer Linde, die auf einem Acker stand. Der Baum war damals, vor hundert Jahren, zum Gedenken an das große Sterben im Lager gepflanzt worden. Die ganze Geschichte atmete Mitleiden und Versöhnung mit dem, was einst bittere Feindschaft gewesen war. In der Erzählung waren auch pralle Landschaftsschilderungen enthalten, durch welche die Gegend plastisch sichtbar wurde.
Seit der Häftling die Geschichte von der Serbenlinde gelesen hatte, kannte er die Gegend um Mauthausen, obwohl er sie nie gesehen hatte. Aber er wußte, daß sich dort, nicht einmal 25 Jahre nach dem ersten Unheil, mit dem neuen Lager ein noch größeres zusammengeballt hatte.
Später wurde er nach Berlin auf Transport geschickt. Sie kamen durch Böhmen über Budweis, Tabor und Prag und hier wurden sie in dem berüchtigten Gefängnis St. Pankraz einige Wochen festgehalten. Die Reise ging dann kreuz und quer durch Deutschland, weil der Waggon mit dem winzigen vergitterten Fenstern einmal an einen Verwundeten-Transport, dann wieder an Lastenzüge auf Nebenbahnen angehängt wurde. Die Donau hatten sie bei Nacht und Nebel über die Brücke bei Steyregg überquert, oberhalb von Mauthausen.
Nach einem Prozeß beim Volksgerichtshof in Berlin begann der

Transport aufs neue. Diesmal ging die trübselige Reise über Thüringen und Bayern hinunter in die Ostmark.
Nürnberg war nicht nur ein Knotenpunkt für militärische Transporte, für Lazarettzüge und Nachschub aller Art, hier trafen auch verschiedene Gefangenenströme aufeinander. So kam es, daß sich plötzlich eine große Anzahl von Häftlingen in Durchgangszellen der Gefängnisse zusammengepfercht fanden, ehe sie, aufgeteilt nach ihren Bestimmungsorten, wieder in alle Winde auseinandergejagt wurden.
Der junge Häftling traf hier mit einer größeren Gruppe holländischer Juden zusammen, die, wie sie radebrechend mitteilten, auf dem Weg nach Mauthausen waren. Sie schienen noch einigermaßen gut genährt, ihr Äußeres aber war stark vernachlässigt, weil sie schon wochenlang auf Transport waren. Wenn sie miteinander sprachen, hörte sich ihre Rede wie ein breiter niederdeutscher Dialekt an.
Der Häftling trug eine Steirerjoppe, weil er noch in Untersuchungshaft war. An dieser Kleidung erkannten die Holländer, daß er ein „Einheimischer" war. Sie drängten sich um ihn, um zu erfahren, wie es denn in Mauthausen sein werde, und was sie dort wohl zu erwarten hätten.
Der Häftling geriet in Verlegenheit, denn natürlich wußte man in den Gefängnissen von Wien, Linz und Wels und wohl auch in denen von ganz Deutschland, was in Mauthausen geschah. Aber die Deportierten aus Holland waren noch fremd. Was sollte er erzählen? Und überhaupt, vielleicht bekamen die Holländer eine bessere Behandlung als die anderen?
Als er von den wißbegierigen holländischen Häftlingen umringt war, erinnerte er sich an die schönen Landschaftsschilderungen in der „Serbenlinde". Diese Landschaftsbilder gab er, ergänzt durch eigene Phantasie, an die holländischen Transporthäftlinge weiter. Ja, dieses Mauthausen liege an der Donau und das Lager auf einem Hügel, sodaß man einen schönen Blick über die weit aus-

gebreiteten Donauauen habe, Donau so blau, so blau, das werden sie ja sicherlich schon gehört haben. An schönen Tagen sehe man vom Lager jenseits der Donau auf den Stadtturm von Enns. Lauriacum, sagte er, als müßten die Holländer wissen, was es mit diesem einstigen römischen Militärlager für Bewandtnis habe. Auch den Namen des heiligen Florian führte er an, in der Hoffnung, daß auch die holländischen Juden ihn kennen könnten. Da gäbe es große Getreidefelder ringsum, mit schwerem Weizen und zwei Meter hohem Roggen, Erdäpfelfelder und schöne Gerste mit langen Grannen, die sich wie Wellen bewegten, wenn der Wind über sie fährt. Im Herbst biegen sich die Obstbäume vor Frucht und man kann die Birnen riechen, wenn sie vom Baum fallen und den Duft des Saftes verströmen. Die Wiesen seien fett, die Rinder rund und glatt und Geflügel gäbe es in Hülle und Fülle bei jedem Bauernhof.
Gagi, gagi, gagaggie, sagte er, um das Hühnergeschrei anzudeuten. Die Holländer schmunzelten aus ihren ungepflegten Stoppelbärten über diese Lautmalerei. Sie nickten erfreut, um zu zeigen, daß sie sich durchaus auskannten auf den Geflügelhöfen. Dann fragte einer der Häftlinge stockend, ob er es wohl für möglich halte, daß sie etwa in der Landwirtschaft zur Arbeit eingesetzt werden. In Nederland habe man damit große Erfahrung. Käse, Edamer, sagte er und wölbte die Hände zu einem großen Ball, um zu zeigen, welches Volumen die Käsekugeln in Holland hätten. Gänse und Enten gebe es im ganzen Land und natürlich viele Blumen. Einer der Häftlinge gebrauchte dabei das Wort „Tulpen". Der Häftling erinnerte sich, daß auch im alten evangelischen Gesangbuch die Tulpe in einem feierlichen Psalm „Tulipan" genannt wurde. Das Wort hatte hier im Gefängnis zu Nürnberg einen ganz besonderen Klang.

Irmgard Neudorfer
VÜL MEHR ROSN IN MEIN LEBEN

Vier Viertl hats Landl
Grad so wia i hâb' heuer
vier mâl 10 Jâhr auf mein Buckl

Oft fühl i a mei Mühlviertel
stoanig, kârg und schwer
so, âls hätt' i Mühlstoana uman Hâls
hât mi s'Leben do a schon gnuag herbeidlt
muaß schaun, daß i net bitter werd
sondern a Landschâft, a innere zsâmmkriag
wia s'Mühlviertl
mit oaner herbn, âba tiafn Schönheit

Und do hâb i in mia drin gânz scheane Platzl a gfundn
a Eferdinger Becken zum Beispiel
wo i mi weit und offen, fruchtbâr gspür

Hâb a Salzkâmmerguat eingricht
reich an Schätzn für's Aug und Gmüat
wo s'klingt und singt in mia drin

Âb und zua frâg i mei Hâllstâtt zsâmtn Beinhaus:

Welcha Datum wird oamâl auf meine Knochn eingschriebn sein?
Bin mia da Endlichkeit von mein Leben bewußt
âba abituan tua i mi zeitweis ...
Schreckenwald's Rosengärtlein, kânn ma nenna de Ârt
dâ hât früher a grausamer Ritter d'Leut abigstoßn oder âbisprin-
ga lâssn

i solltat meine Ängst' und Sorgn a dort âbischmeißn
vielleicht blüaratn dânn vül mehr Rosn in mein Leben

Und nu immer kenn i meine Tiafn und Untiafn net gânz genau
âba daß a Schâtz in mia verborgn is
so wia ma des von a paar von unsre scheanen Âlmseen glauben
des woas i gwiß

Werd' i den selba noch hebn?

Gott mag es schenken, Gott mag es lenken
ER hat die Gnad'

Maria Kinast
IN DAS KOMMENDE JAHRTAUSEND

Ein Mensch, dessen Heimat mit so vielen Schönheiten der Natur und einer solch herrlichen Vielfalt der Landschaft gesegnet ist, kann sich glücklich schätzen. Der Oberösterreicher darf stolz sein auf sein Bundesland und er ist es auch mit gutem Grund. Mit Hallstatt besitzen wir ja ein Stück Weltkulturerbe. Ein unbeschreibliches Glücksgefühl durchströmt den, der sein Land von oben, von den heimatlichen Bergen aus, betrachtet. Eingerahmt von bewaldeten Hügeln oder auch von steilen Felswänden liegen die Seen wie Smaragde unter ihm. In den Sommermonaten herrscht reges Leben an ihren Ufern. Das saubere, klare Wasser lädt Gäste wie Einheimische zum Baden und Schwimmen ein.
Als Wanderer entdeckt man immer wieder Neues, Unbekanntes, Sehenswertes in unserem Bundesland. Es finden sich Burgen, Ruinen, Stifte und Schlösser als einzigartige Zeugen einer längst vergangenen Zeit, die nicht nur die Erwachsenen, sondern auch die Jugend faszinieren.
Ein Naturschauspiel sind auch die Wasserfälle. Höhlen und Salzbergwerke ziehen Besucher an.
Naturverbundenheit und Heimatliebe ist den Menschen hier im Land ins Herz gegeben. Nicht ohne Grund hört man von weitgereisten Menschen oft den Ausspruch: „Bei uns ist es doch am schönsten." Unsere Freilichtmuseen sind Zeugnisse unserer Verbundenheit mit vergangener Kultur.
In der Wirtschaft setzt man auf Innovation und das mit Erfolg. Unsere Landeshauptstadt Linz hat sich ja in den letzten Jahren aus einer Industrie- und Schulstadt zur Kulturhauptstadt entwickelt. Mit dem Design- und dem Ars Electronica Center sind wir für das nächste Jahrtausend gut gerüstet. Weltweite Anerkennung ist der Dank, der unseren Stadtvätern gebührt.

Musikliebhaber kommen im Brucknerhaus auf ihre Rechnung. Die große Begeisterung, mit der Laienspielgruppen bei ihren Aufführungen ihren professionellen Kollegen in keiner Weise nachstehen, widerspiegelt das kulturelle Interesse unserer Landbevölkerung. Das Volksgut, das in unserer traditionsbewußten Musik und in den Volksliedern zum Ausdruck kommt, ist es wohl wert erhalten zu bleiben. Oberösterreichische Künstler und Autoren sind mit ihren Werken weit über unsere Grenzen hinaus bekannt.

Umwelt und gepflegte Landschaft ist den Menschen unserer Heimat immer schon ein Anliegen gewesen. Jeder Landwirt ist bemüht, aus seinem Grund und Boden nicht nur einen bestmöglichen Ertrag zu erwirtschaften, sondern auch Landschaftspflege zu betreiben.

Lebenseinstellung und christlicher Glaube sind bei vielen von uns eng miteinander verbunden. Die Jugend ist auf der Suche, auch nach verlorengegangenen Werten, Entscheidungsfähigkeit ist mehr denn je gefragt. Wünschenswert wäre es, unsere jungen Menschen würden mehr politisches Interesse zeigen. Die Zukunft unseres Landes liegt in ihren Händen. In einer Zeit, in der sich die Grenzen nach außen immer mehr weiten, ist es von Vorteil, den eigenen Horizont auszudehnen, weitsichtig zu denken. Fremdsprachen sind uns zum Teil noch immer fremd. Eine Wertigkeit unserer Bürger ist eher die Improvisation, dabei zeigen wir mehr Geschick.

Das oberösterreichische Lebensgefühl kommt sicher in den verschiedensten Situationen und Lebenslagen zum Ausdruck. Ein stark ausgeprägtes Gefühl für Gerechtigkeit zeichnet den Oberösterreicher aus, aber er hat auch Humor. Witze und G`stanzl über die eigenen Unzulänglichkeiten lassen ihn über sich selbst lachen. So werden wir Oberösterreicher, mutig und zuversichtlich mit Gottes Hilfe, in das kommende Jahrtausend gehen.

Max Hofmann (10 Jahre)

WIR BAUEN UNS EINE KLEINE HÜTTE

Geboren wurde ich während der letzten Eiszeit irgendwo zwischen den Prärien Nordamerikas und Wladiwostok.
Meine Nahrung bekam ich von meiner Mutter, denn sie lieferte nahrhafte Milch. So wurde ich größer und bekam ein dichtes zotteliges Fell.
Jedoch eines Tages fegte ein verheerender Schneesturm über das Land, der alles verschüttete. Ich überlebte als einziger von meiner ganzen Familie, weil ich mich in letzter Sekunde in eine Felsnische rettete.
Dort wartete ich, bis es wieder Tag wurde. Am frühen Morgen kam ich aus meinem Versteck, mir bot sich ein schrecklicher Anblick. Der Schnee lag meterdick und dort wo kein Schnee hinkonnte, waren tiefe Schluchten. Bäume lagen umgeknickt wie Streichhölzer am Boden und hinabgestürzte Felsbrocken lagen überall verstreut.
Und da es kaum noch genug Nahrung gab, musste ich mich auf Wanderschaft begeben. Weil damals noch fast alle Kontinente zusammenhingen, wusste ich, dass ich fast alle Bereiche der Erde erreichen konnten. Ich lernte viele neue Tierarten kennen und bekam auch viele neue Freunde, jedoch wollte mich keiner auf meiner Reise begleiten.
Denn das war es, nach was ich mich sehnte, einen Freund der mich begleitete. Überall suchte ich einen, doch ohne Erfolg. Jeder sagte, er hätte so viel zu tun, dass er nicht mitkommen könnte.
Da kam mir auf einmal ein Gedanke, wie eine Welle vom Meer.
Ich könnte mir ja auch eine Freundin suchen - ich suchte und suchte, jedoch mit dem gleichen Ergebnis.
Schon wollte ich aufgeben und fragte zum letzten Mal.
Und zwar in Monaco, dort fragte ich den Prinzen. Er war ein

prächtiger Paradiesvogel und er bot mir seine Tochter an. Das Mädchen war von mir weitgereistem Zottel angetan und gemeinsam machten wir uns auf die Reise, ich der Höhlenbär und sie die Paradiesvogelprinzessin.
Wir reisten quer durch Europa: Vom Nordkap nach Großbritannien, von Großbritannien nach Frankreich, von Frankreich nach Deutschland und von Deutschland nach Italien und von dort aus nach Österreich.
Dort kamen wir in eine Gegend die uns besonders gefiel, hier ließen wir uns nieder. Diese Gegend war ein Tal und in diesem Tal war ein See und aus diesem See entsprang ein Fluss.
Am Ufer dieses Flusses erblickten wir eine kleine Siedlung in der einige Leute wohnten. Am Rande dieser Siedlung siedelten wir uns an, wir bauten uns eine kleine Hütte. Sie bestand aus zwei Räumen: einem Schlafzimmer und einem Wohnzimmer. Später erfuhren wir, dass dieser Ort Grünau und das Tal Almtal hieß. Von hier aus machten wir viele Ausflüge z.B. ins Tal der Feitelmacher um uns die Zähne spitzen zu lassen. So lebten wir noch bis an unser Lebensende glücklich zusammen.
Und erst heute nach tausenden von Jahren grub ein Forscher mein Skelett aus. Heute bin ich im Museum der Sternwarte in Kremsmünster zu besichtigen.

Karoline Hofmann (8 Jahre)
DAS ROSS MAX

Ein Pferdeabenteuer in Oberösterreich vor 150 Jahren

Max war ein widerspenstiges Pferd. Er war ein Apfelschimmel. Sein Stall stand in Gmunden. Er zog den Wagen am schnellsten. Im Stall war es fad. Der Bauer verkaufte ihn an die Pferdeeisenbahn. Dort gefiel es ihm besser. Er transportierte Salz und Stoff. Das Aufregendste war ein Überfall: Wegelagerer wollten in einem Waldstück die Ladung erbeuten. Das war die Stunde von Max! Wie wild schlug und biss er um sich bis es ihm gelang, die freche Meute in die Flucht zu schlagen! Da war der Kutscher der Pferdeeisenbahn aber froh, so ein widerspenstiges Pferd zu haben und zur Belohnung bekam Max einen großen Sack Hafer. Viele Jahre lang arbeitete Max noch im Dienst der Pferdeeisenbahn und trabte immer auf der Strecke von Budweis nach Linz und über Wels nach Gmunden: Dort gefiel es ihm am besten, weil er gelegentlich im Traunsee baden gehen konnte.

Das weitere soll euch das Ross Max selbst erzählen:
Als ich einmal einen freien Tag gehabt habe, ritt mein Kutscher mit mir über Felder und Wiesen bis wir in einem Wald ankamen. Dort jagte mein Kutscher Wildschweine! Und schon hatten wir ein Wildschwein gefangen. Das ist ja kein Wunder mit so einem schnellen Pferd! Plötzlich begegneten wir einem Bär, der aus dem Wald hervor kam. Aber bald verschwand er wieder im Wald. Wie wir so weiterritten sahen wir einen Hasen durch das Gestrüpp hoppeln. Und bald sahen wir einen Hochstand, aber Jäger saß keiner darin und so kletterte mein Kutscher darauf und beobachtete den Wald. Er schaute durch sein Fernglas und er sah ein Reh. Dann ritten wir wieder über eine Wiese wo ich die saftigsten

Gräser fraß. Dann über ein Feld und von dort zum Pferdeeisenbahnhof. Daneben stand mein Stall. Wo ein ganzer Heuballen auf mich wartete und ich schlief sofort ein. Am nächsten Tag wurde ich gleich ganz bald in der Früh eingespannt und ich trabte und trabte, hin und zurück.

So hat das Ross Max bei seiner Arbeit sehr viel von Oberösterreich entdeckt.

Helmut Obermayr
HEIMAT IM WIDERSPRUCH

Oberösterreich zu beschreiben fällt schwer. Was unter einem Namen zusammengefasst ist, bietet sich schon auf den zweiten Blick als eine Ansammlung von Verschiedenheiten. Wenn man sie näher kennenlernt, wird daraus eine Summe sonderbarer Widersprüche.

Da ist einmal die augenfällige Verschiedenheit der Landesteile. Kaum eine Region - ausgenommen das Donautal und der Kern der Traun-Ennsplatte - findet nicht in der Gegend jenseits der Grenze eine bessere Entsprechung als in der benachbarten oberösterreichischen. Verschieden wie die Landschaftsformen sind auch die Menschen der Regionen. Selbst die Geschichte ist verschieden verlaufen, sodass man von Oberösterreich im heutigen Umfang erst seit gut 200 Jahren reden kann. Deshalb ist das regionale Bewusstsein immer noch sehr stark ausgeprägt: Man fühlt sich als Mühlviertler, Innviertler, Ischler, Goiserer und gehört erst dann zusammen, wenn es gilt, sich gegen Nicht-Oberösterreicher abzugrenzen.

Der Anfang des Jahres 2000 verstorbene große Volkskundler Ernst Burgstaller hat festgehalten, dass mitten durch Oberösterreich eine Bruchlinie verläuft, die sich in den verschiedenen Bereichen der Volkskultur spiegelt. In den Dialekten hören wir typisch Donauländisches und damit nach Wien Weisendes ebenso wie Bayrisches und Alpenländisches.

Die Widersprüchlichkeit geht aber noch tiefer als der Unterschied zwischen den Landschaften und den durch sie geprägten Menschen: Einer riesigen „verstaatlichten" Region im Süden, im Salzkammergut als kaiserlichem Besitz vor allem, standen Landesteile mit stolzen freien Bauern gegenüber, im Land der großen katholischen Stifte haben sich die Protestanten besonders

schnell verbreitet und auch behauptet - trotz der blutigen Bauernkriege und der massenweisen Vertreibung.
Auf der einen Seite steht die Großindustrie, auf der anderen sind weite Landesteile agrarisch geprägt und innerhalb der österreichischen Landwirtschaft auch von der Gesamtbedeutung beherrschend. Der Tourismus ist Haupterwerbsquelle für einige Regionen - aber ein paar der allerschönsten Gegenden sind ausländischen Besuchern völlig unbekannt. Dort wandern die Linzer und die Welser.
Wir finden besonders innovative Köpfe ebenso wie extrem beharrende „Sturschädel". Oberösterreich stellt überdurchschnittlich viele Entwicklungshelfer und gilt als besonders spendenfreudig, daneben erlebt man in Stammtischgesprächen ein manchmal unbegreifliches Ausmaß an Engstirnigkeit.
Wer auf die Frage nach dem typisch Oberösterreichischen eine dieser Facetten herausgreift, hat recht, aber eben nur zum Teil, weil er das andere, das Gegenteil vergessen hat.
Typisch oberösterreichisch ist es, dass diese Widersprüche nicht nebeneinander bestehen bleiben sondern sich treffen, sich nicht ausgleichen sondern erst in der Summe das Ganze des Oberösterreichischen ergeben. Der international anerkannte Wissenschafter, der mit größtem Vergnügen im einfachen Bauernwirtshaus sitzt, der weltberühmte Musiker, der sich im Lebensmittelgeschäft „bei der Wurst anstellt", der kleine Handwerker, der eine Weltneuheit entwickelt - sie sind ebenso typische Oberösterreicher wie der große Adalbert Stifter, der im „Nachsommer" das Ideal des ausgeglichenen, weisen Menschen beschrieben und bis zum Tod an seiner Maßlosigkeit gelitten hat.
Ich liebe an diesem Land und seinen Menschen die Summe der Widersprüche. Vielleicht auch deswegen, weil hier viele Lichter unter dem Scheffel stehen, weil das Bewusstsein der Widersprüche verhindert, daß es ein Land der Angeber ist, auch wenn das Selbstbewusstsein ausgeprägt genug ist.

Stefanie Holzer
GUMPING

AUF DEM LAND ist es schön.
Jubilierende Motor- und Kreissägen wetteifern mit tirilierenden Vögeln. Bienengesumm dröhnt in den Ohren. Wo früher Äpfel- und Birnbäume standen, spenden Silbertannen und Kiwibäumchen Schatten. Gladiolen und Hyazinthen durchbrechen die schon längst deprimierende Eintönigkeit von Hahnenfuß, Margerite und Gänseblümchen. Die müffelnde Atmosphäre der Biederkeit wird durch benzinbetriebene Rasenmäher mit einer Ahnung von Fortschritt erfüllt.
Der Weiler Gumping liegt in einem nicht formvollendeten Kessel, der einerseits durch die Böhmische Masse und andererseits durch die Ablagerungen der Eiszeit und der Pram begrenzt wird. Von der Pram wird noch die Rede sein. Was soll es über ein Bächlein, das in einem unwirtlichen Gebiet wie dem Hausruck entspringt, groß zu sagen geben? Auf dem Land greifen eben nicht nur Riesen, wie jene, die einst die imposante Taufendorfer Kirche aus Granitblöcken erbaut hatten, in das Geschehen ein. Nein, auch Bäche haben zuweilen mitzureden, wenn es um die Frage geht, wie beschwerlich oder bequem das Leben sein soll. Einen gleichfalls nicht zu vernachlässigenden Anteil an der Diskussion hat die dem unwissenden Betrachter nicht weiter auffällige, nichtsdestoweniger mächtige Böhmische Masse.
Granit: Feldspat, Quarz und Glimmer, die drei vergess ich nimmmer. Dieses Verslein lernen die Kinder in der Schule. Sie sollen sich beizeiten auf den beinharten Gesprächspartner einstellen. Wer die drei dennoch vergißt, bekommt als Warnung einen Fünfer ins Büchlein eingetragen.
Der Abbau der Böhmischen Masse auf dieser Seite der Donau bringt einigen Familien das tägliche Brot und das bei den hiesi-

gen klimatischen Verhältnissen dringend notwendige Dach über dem Kopf. Anderen sichert der Abbau der unter den Schottermassen des Hausrucks verborgenen fossilen Bodenschätze, sprich Braunkohlen, die Existenz.
Gumpinger versuchen dort nicht, ihr Brot zu verdienen. Die Antlitze der Gumpinger bedecken sich andernorts mit Schweiß; sie fahren mit der Bahn, dem Bus, dem Auto, Moped oder Fahrrad in Orte, wo Steine geklopft, Schuhe geklebt oder Hemden genäht werden müssen.
Manche schließen sich zu Fahrgemeinschaften in Privatwägen zusammen. Oft stellen sich diese vermeintlich günstigen Vereinbarungen als nicht sonderlich dauerhaft heraus. Immer wieder bricht einer, meist der Fahrer, Streit vom Zaun, weil, zum Beispiel, der Beifahrer sich die Schuhe vor dem Einsteigen nicht ausreichend abputzt.
Bevor wir uns jenen Abgründen und Weiterungen zuwenden, die das menschliche Zusammenleben unweigerlich mit sich bringt, mögen einige hieb- und stichfeste Fakten das Verständnis und das Einfühlungsvermögen befördern: Gumping ist ein Weiler, das habe ich schon gesagt. Weiler leitet sich vom mittelalterlichen villare ab, was soviel wie Gehöft bedeutet. Genauer gesagt handelt es sich dabei um eine Ansiedlung ländlicher Art mit drei bis fünfzehn (zuweilen wird die Obergrenze auch mit dreißig angegeben) Wohnstätten und einer entsprechend kleinen Flur, meist Block- oder Gewannflur. Nicht einmal die einfachsten Dienstleistungseinrichtungen, wie Einzelhandelsgesellschaft oder Schule, gibt es in so einem Ort. Wenn allerdings Bier und Zigaretten Produkte sind, die in Einzelhandelsgeschäften abgegeben werden, stimmt die Definition für Gumping nur bedingt; denn früher verkaufte die Res Bier und Zigaretten - geringfügig über dem Einkaufspreis. Heute führt der Obermaier die merkantile Tradition in Gumping fort.
Gumping ist ein Haufendorf.

Leo Wallner
EINZIGARTIGE AUSBLICKE

Einen der schönsten Eindrücke von Oberösterreich verdanke ich dem Flugzeug. Die Stelle, wo die Donau in der Schlögener Schlinge eine bemerkenswerte Kehrtwendung macht, gleicht einem kleinen Naturwunder, dessen Anblick mich stets von Neuem fasziniert.
Die Natur hat das Land ob der Enns überaus vielfältig beschenkt und seine Entwicklung entscheidend geprägt: Mit der Kraft der Donau entfaltete sich Linz zur Industriestadt, nahm Oberösterreich seinen wirtschaftlichen Aufschwung. Die Donau ist es auch, die Ordnung in die Geographie des Landes bringt, das Mühlviertel mit dem Innviertel verbindet. In Linz treffen einander Vergangenheit und Zukunft nicht nur architektonisch auf besonders reizvolle Weise. Die Donaumetropole ist eine Stadt voller Gegensätze und Beweglichkeit. Casinos Austria hat versucht, sein Linzer Casino diesem Stadtbild anzupassen. Seit 1982 erweitert es das Freizeitangebot der Stadt und birgt auch ein besonderes Kunstwerk: Anton Lehmdens 84 Quadratmeter großes „Spiel mit der Natur".
Wasser, Wiesen, Fels und Himmel komponieren in Oberösterreich ein Zusammenspiel aus sanftem Hügelland, grünen Wäldern, schroffen Berge und klaren Seen. Im niederösterreichischen Amstetten geboren, verbrachte ich aufgrund der räumlichen Nähe schon in meiner Jugend viel Zeit in diesem schönen Land und besuchte auch die Schule in Aschach an der Steyr. Die Vielfältigkeit der Natur ist es, die mich immer wieder begeistert und auch heute oft nach Oberösterreich führt. Im Salzkammergut verbringe ich daher genauso gerne wie regelmäßig Tage der Erholung. Hier tanke ich Kraft, atme Freiheit und genieße einzigartige Anblicke.

Dorothea Macheiner
NIXENFALL

„Es war nach dem Schneerosenpflücken... an meinem Fahrrad war der Schlauch geplatzt und wir hatten kein Pickzeug..." Sie saßen also in der Patsche, drei Freundinnen beim Sonntagnachmittagsausflug nach Weißenbach.
Ein Motorradfahrer kam die Seeleitenstraße entlanggeschnurrt, bereit, ihnen auszuhelfen. Vielleicht hatte ihn Hertas in die Ferne schweifender Blick verzaubert, vielleicht auch nur ein Anflug von Langeweile seinerseits bei dem Mangel an Unterhaltung, seit die Mehrzahl der Bekannten eingerückt war. Keine Theater- und Musikproben, keine Tanzabende, wo er, Oswald, Klarinette spielte. Damit aber war es sowieso vorbei, seit er sich beim ersten Fronturlaub drei Finger an der Kreissäge abgeschnitten hatte... so oder ähnlich mochte es sich zugetragen haben.
Das Kind hörte im Laufe der Jahre unzählige Varianten dieser Geschichte. Wobei auffiel, daß sie stets von Herta und im Stil einer Groteske erzählt wurden, so wie sie immer vor anderen alles ins Lächerliche zog, was Oswald und sie betraf, als sei er bloß eine Witzfigur und sie einer seiner Possen erlegen.
„.... sowas von nervös, dieser Mensch... hüpfte herum wie ein Rumpelstilz und wollte alles zugleich, den Patschen flicken, mich kennenlernen und wiedersehen...."

Diese flüsternde Stille, umflossen vom Gemurmel des Bachs, dem Schattenspiel der Blätter an Zirbenholz getäfelten Wänden, Lichtwellen über dunklen Dielen. Goldgetönte, nachmittägliche Stille unter dem Laubdach, dem Hausdach, wo sich das Kind in braune Astaugen hineinträumt.
Das Haus ist in einen Dornröschenschlaf versunken. Doch etwas liegt in der Luft, in der lauen. Ein Schluchzen steigt auf, ein

gepreßtes Wimmern, das hervorbricht, sich zu einer Kette von Schluchzern reiht, die in einem Aufschrei münden. Das Kind hält den Atem an. Es ist wieder still, nur manchmal ein Seufzen, das wie ein Nachhall klingt, eine Befreiung.
Das Kind klammert sich an die braunen Astaugen, klittert sich Gesichter des Zirbengeists zusammen, die augenblicklich wieder zerrinnen. ... Herta beginnt zu singen. Eine ihrer traurigen Melodien, an deren Ende sie wieder zu schluchzen beginnt. Und so fort in immer schnellerem Wechsel, bis ihre Stimme entweder volltönend und heiter wird, oder in einem Weinkrampf versinkt. - In jedem Fall bleibt das Kind vollkommen ruhig unter seiner Bettdecke. Es rührt sich nicht, wagt nicht an dem Verhängnis zu rühren, das die Mittagsruhe durchbricht. Wartet, bis andere Geräusche ertönen. Das beschwichtigende tä-tä-tä-tä- der Großmutter, die mit ihrem Stock über die Dielen klopft, oder die kurzen, abgerissenen Tonfolgen, die der Vater pfeift, wenn er auf einen Sprung vorbeischaut, um sich seine Gestopften zu drehen.

Gertrud Sybille Mende

EINE JUGEND IN ÖSTERREICH

Wer in der Sandgasse geboren ist, den trennen von „Wald und Flur", wie es in den Liedern heißt, viel Asphalt und Mauern. Die Spaziergänge des Kindes Liesa an der Hand der Großmutter haben durch Parkanlagen geführt, in denen die Natur von Gärtnern zum Kunstgebilde gezähmt worden ist. Erst bei den Wanderungen der neuen Jugendgruppe hat Liesa erfahren, daß in ihr verborgen ein tiefverwurzeltes Bedürfnis darauf gewartet hat, sich holen zu können, was es braucht. Auch hier ist die Dichtung der Begleiter, der überhöht und vertieft. „Wer hat dich, du schöner Wald, aufgebaut so hoch dort droben...". Und die „Gipfel", über denen jene besondere „Ruh`" ist, die todessüchtig macht. Ja wahrhaftig, manchmal sehnt sich Liesa sogar nach dem Tod. Wenn das Schöne zu schön wird, das Edle zu edel, wenn das Gefühl die Brust sprengt. Ach, sie ist ja nur „ein trüber Gast auf der dunklen Erde!" Ihr alter Religionslehrer hat ihr etwas ins Album geschrieben, damals, als die Klosterschule verstaatlicht worden ist: „Hier ist es dunkel, drüben ist das Licht." Sie ist ganz betroffen gewesen, wo es für sie doch eben erst so licht geworden ist, und sie hat sich eilig an andere Sprüche gehalten.
Ein Aufsatzthema ist gewesen: „Laß, was sterben will, sinken und modern; was Kraft hat, was Licht hat, will steigen und lodern." Ihr Aufsatz ist vorgelesen worden. Oft aber ereignet es sich, daß Liesa nach einem solchen gedanklichen Lodern jäh abstürzt. „Komm, Trost der Welt, du stille Nacht...".
Auf und ab schwankt sie, auf und ab.

Anna Mitgutsch
HAUS DER KINDHEIT

Du arbeitest? fragte sie.
Ich schreibe eine Chronik von H.
Eine Chronik? Sie hob erstaunt die Brauen, und er bemerkte die waagrechten Linien auf ihrer Stirn und auch die beiden tiefen Falten, die an ihren Mundwinkeln vorbei zum Kinn liefen.
Eigentlich stelle ich mir eine besondere Form von Geschichtsschreibung vor, erklärte er und dämpfte sofort den Eifer in seiner Stimme. Nicht eine Anhäufung von Fakten, wie ich sie in Annalen und Urkunden finde, sondern Lebensläufe, Einzelschicksale, die nur für Augenblicke, in historischer Zeit gemessen, ans Licht getreten sind, manchmal nur im Augenblick ihres Todes.
Er erzählte ihr die Geschichte der Frau Rahel und ihres Grabsteins, und vergaß dabei, daß sie sich nun doch gegenüberstanden und daß sie ihn aufmerksam betrachtete, während er redete.
Das klingt wie ein historischer Roman, meinte Nadja.
Nein, kein Roman, mehr Nachprüfbarkeit, mehr Augenmerk auf die realen Menschen und ihre Spuren, die sich sofort verwischen, kaum daß sie flüchtig in irgendeinem Dokument erscheinen.
Das Problem dabei ist, sagte er, daß die Stadtschreiber die Juden kaum jemals erwähnten. Sie gehörten einfach nicht zur Geschichte dieser Stadt. Es ist die ausgeblendete Geschichte von H. , die ich schreiben möchte, über die die überlieferte Geschichte hinweggeht, so daß ihr Fehlen nicht einmal bemerkt wird.
Für wen schreibst du sie, wollte sie wissen.
Das habe ich mich selber schon oft gefragt, erwiderte Max. Vielleicht als Vorwand dafür, hier zu sein, oder für die Juden, die in zwanzig oder fünfzig Jahren hier leben werden. Einfach, damit man weiß, daß es hier Juden gegeben hat, seit es diese Stadt gibt. Damit man es nicht vergessen kann.

Sie schwieg.
In seiner Abschrift von einer Chronikseite fand Max das Wort *abgeschlachtet*. Sonst nichts, keine Zahlen, weder der Toten noch der Überlebenden, nur daß sie in ihren Häusern *abgeschlachtet* worden seien. Wie sollte er eine Chronik schreiben, wenn ihm die Phantasie fehlte, wenn er vor diesem Wort stand wie vor einer Mauer? Rahel lag 1328 bereits unter ihrem Grabstein, aber Moyses und ihre Kinder, vielleicht auch ihr Vater Markus und die ungenannte Mutter waren noch am Leben. Wie viele Menschen waren es, die an jenem Sonntagvormittag den bewaffneten Bürgern zum Opfer fielen. Max hatte nur drei Kaufurkunden gefunden. Gab es noch mehr von Juden bewohnte Häuser? Er kannte die Gegend, wo die Juden gewohnt hatten. Es mußten damals enge Gassen gewesen sein, Gassen, die bereits von einem Pferdewagen blockiert waren, in denen man sich an die Mauern schmiegte, wenn man aneinander vorbeiging. In denen es kein Entkommen gab. In denen das Feuer rasch um sich griff. Danach gab es für eine Weile keine Juden mehr in der Stadt. Max sparte Platz aus, suchte nach anderen Notizen, schrieb weiter, schrieb sich in Wut, die sich bei ihm stets in Sarkasmus äußerte. Nach dem Pogrom, zum Dank für die mit göttlicher Hilfe gelöschten Schuldscheine und die kostenlose Rückerstattung der gepfändeten Monstranz, bauten die Bürger der Stadt eine Wallfahrtskirche. Die vom Stadtschreiber verwalteten Annalen verloren nicht viele Worte über Pogrom, dafür gab es viel Lob für die Erbauer der Kirche.
Es stellte sich heraus, daß die blutende Monstranz Wunder wirken konnte. Diese Idee kam einem einfallsreichen Franziskaner und brachte Geld in die Stadt.

Ingeburg Hacker

EINHEIT IN DER VIELFALT

Ich bin Innviertlerin - und das mit Leib und Seele! Meine Familie und ich wohnen auf dem Land, in einem kleinen Dorf, wo jeder jeden kennt. Das Miteinander wird bei uns groß geschrieben. Aus diesem Grund haben wir auch eine so gute Dorfgemeinschaft. Unser Haus liegt im Grünen - inmitten von Wiesen, Wäldern und Feldern. Da wir kaum Industrie in unserer nächsten Umgebung haben, ist die Luft unvergleichlich gut und rein. Was gibt es Schöneres, als am frühen Morgen die Fenster aufzureißen und tief diese herrliche, würzige Landluft einzuatmen! Verantwortlich dafür sind die vielen, stattlichen Bauernhöfe, die unser Landschaftsbild prägen. Nur ein Katzensprung ist es bis zu unserem Milchbauern und im Nachbardorf hole ich Eier und Getreide vom Biobauernhof. Ried - unsere Bezirksstadt - ist nur einige Kilometer entfernt und bezeichnet sich zurecht als Einkaufsstadt. Die Rieder Wirtschaft ist seit Jahren im Aufwind und die Rieder Messe weit über die Grenzen unseres Bundeslandes hinaus bekannt. - Ebenso bekannt ist unser Heimatdichter Franz Stelzhamer. Wir fahren oft an seinem Geburtshaus vorbei, denn ganz in der Nähe gibt es einen wunderschönen, idyllisch gelegenen Badesee. Wenn uns die Wanderlust packt, machen wir gern Ausflüge in den Hausruck oder Kobernausserwald. Die Innauen haben es uns besonders angetan. Es ist faszinierend die vielen Wasservögel zu beobachten, die hier ideale Nistplätze finden. - Ob nun Braunau mit seinem imposanten 91 Meter hohen Kirchturm oder die Barockstadt Schärding mit der wunderschönen Silberzeile - es gibt unendlich Vieles, das einen Besuch wert ist. Doch nicht nur das Innviertel ist einzigartig. Alle vier Viertel ergeben zusammen eine Landschaftsstruktur, wie man sie selten findet. - Eine liebe Freundin ist in Gmunden zuhause. Jedes Mal,

wenn wir sie besuchen, sind wir vom Anblick des Traunsteins überwältigt. Das Salzkammergut ist das Kleinod Oberösterreichs schlechthin. Hier gibt es unzählige Möglichkeiten, sich in der herrlichen Berg- und Seenwelt vom Alltagsstress zu erholen. Wie gut habe ich noch den Schulausflug nach Hallstatt und den Besuch des Salzbergwerkes in Erinnerung! St. Wolfgang und die Schafbergbahn, Bad Ischl und die Kaiservilla, Mondsee und die Stiftskirche mit den berühmten Werken Meinrad Guggenbichlers - all diese bekannten Orte ziehen jährlich tausende Besucher an. Die Touristen kommen jedoch nicht nur wegen der Sehenswürdigkeiten, sondern auch wegen der unzähligen Freizeitangebote, der Gastfreundlichkeit und der ausgezeichneten oberösterreichischen Küche.
Ab und zu machen meine Familie und ich Urlaub im Ausland. Jedes Mal, wenn wir zurückkommen, sind wir von Neuem überwältigt von unserer schönen Heimat, den saftig grünen Wiesen und den gepflegten Orten. Daß es bei uns so sauber ist, ist sicherlich mit ein Grund, warum unsere Gäste immer wieder kommen. - Den Bruder meines Mannes hat es ins Mühlviertel verschlagen. Durch die vielen Besuche kennen wir auch dieses Stück Oberösterreich relativ gut. So haben wir schon einige ausgedehnte Wanderungen in den Böhmerwald gemacht. Natürlich waren wir auch auf dem Dreisesselberg und genossen die herrliche Aussicht. Mein Schwager, der auch Schilehrer ist, hat mir am Hochficht das Schifahren schmackhaft gemacht. Vom Besuch des Kefermarkter Flügelaltares war die ganze Familie fasziniert. Was für ein wunderbares, gotisches Meisterwerk! Da mein Mann ein großer Kunstliebhaber und Kenner ist, haben wir bereits den Großteil der Burgen, Kirchen, Schlösser und Stifte unseres Landes gesehen. - Ich finde, Oberösterreich ist in jeder Hinsicht ein harmonisches Land. Ausgeglichen ist nicht nur der Landschaftscharakter, sondern auch die Wirtschaft und vor allem das Wesen der Menschen. Die Oberösterreicher sind ein gesunder

Menschenschlag, fleißig, ehrlich, ausdauernd, mit einer großen Liebe zum Land und zur Natur, aber auch Brauchtum und Geselligkeit kommen nicht zu kurz. Die vier Viertel unseres Bundeslandes sind für mich eine Einheit in der Vielfalt und ich bin stolz auf dieses besondere Fleckchen Erde. Mit einem Wort: Oberösterreich ist lebens- und liebenswert!

Barbara Engel
IM MITTELPUNKT ZU LEBEN

Oberösterreich - ein Land in der Mitte von Österreich, nicht im Osten gelegen und nicht im Westen. Der Oberösterreicher lebt zentral. Es gibt ihm ein Gefühl im Mittelpunkt zu leben und nicht irgendwo abseits des Geschehens. Sein Land bietet ihm landschaftlich eine große Vielfalt. Es gibt ihm fruchtbaren Boden. Das Wasser der Flüsse und Ströme schenkt ihm wertvolle Energie. Der Boden liefert ihm wichtige Bodenschätze. Die Seengebiete ziehen die Touristen an. Die Donau, dieser mächtige Strom, durchfließt das Land. Schiffe aus aller Welt passieren das Land. Die waldreichen Gebiete liefern Holz und gesunde Luft, die wiederum die Urlauber anzieht. So eine Vielfalt zeigt sich nur in Oberösterreich.

Und genau diese Vielfalt prägt den Oberösterreicher. Er ist fleißig, überlegt, hilfsbereit. Der Oberösterreicher ist einerseits sehr modern und progressiv. Er ist wirtschaftlich sehr stark, dem Neuen aufgeschlossen und dennoch pflegt er altes Brauchtum. Besonders in seinem privaten Bereich hält er sehr an alten Werten fest. Er scheut nicht vor dem Fast food zurück, aber eine bodenständige Kost im richtigen Ambiente ist ihm schon noch lieber. Die tägliche Arbeit und vor allem den zeitlichen Beginn seines Tagwerkes nimmt er sehr ernst.

Sehr typisch für den Oberösterreicher ist der Wochenmarkt. Für ihn ist ein Marktbesuch und überhaupt das Marktwesen insgesamt nicht nur eine Tätigkeit, die eben auch erledigt werden muss, sondern vielmehr ein gesellschaftliches Ereignis. Man trifft sich dort und spricht miteinander. Der Marktbesuch gehört einfach dazu und ist für viele nicht mehr wegzudenken.

Der junge Oberösterreicher genießt es, Angehöriger einer großen Familie zu sein. Selbst allerdings ist er nicht sehr familienfreundlich. Seine eigene Familie soll kleiner sein, damit seine Bequemlichkeit und sein Luxus nicht gefährdet ist.

Hilfsbereitschaft und Einfühlsamkeit kennzeichnen den Oberösterreicher. Erleidet sein Mitbürger Schaden, sei es z.B. durch Verlust eines Eigentumswertes, so ist er sofort zu Stelle und hilft mit Rat und Tat. Er ist ein sehr gefälliger Mensch. Auch völlig fremden Personen erweist er Gefälligkeit. Er scheut in diesem Fall keine Zeit und Mühe.
Das Radfahren gehört wohl zu seinen Lieblingssportarten. Er verwendet viel Geld dafür, um die Fahrmöglichkeiten auszubauen. Zu Fuß ist er weniger gern unterwegs. Es ist ihm zu wenig attraktiv. Wenn, dann führt er seinen Hund aus.
Kritik am Mitmenschen übt er, indem er den Betroffenen so sehr lobt, daß sein Lob nur mehr negativ wirken kann. Fremden gegenüber ist er wenig aufgeschlossen. Er toleriert sie in gewisser Weise, aber zuviel Kontakt will er vermeiden.

Der Oberösterreicher ist, obwohl er doch sehr gerne in die weite Welt reist, mit seinem Land und mit seinem Boden sehr eng verbunden. Die Landschaft ist ihm sehr wichtig. Er bemüht sich um die Sauberhaltung der Natur. Nichts ist ihm lieber als ein gemütlicher Sonntagsausflug ins Grüne im Kreise seiner Familie.
Durch Fleiß, Geschicklichkeit und dank seiner zentralen Lage konnte sich der Oberösterreicher eine gute wirtschaftliche Stellung aufbauen. Trotzdem er viel erreicht hat, ist er dennoch ein zurückhaltender und bescheidener Mensch geblieben. Er hebt sich weder durch einen auffallenden Dialekt noch durch andere Wichtigtuereien hervor. Er hat es auch nicht nötig, denn er ist ja ohnedies jemand.

Heide Stockinger:
EINE OBERÖSTERREICHISCHE BIOGRAPHIE

Mein Großvater väterlicherseits lebte in Steyr. Er war hundertemale zu Fuß am Damberg. Sein Konterfei mit dem Hinweis auf die Anzahl seiner Besteigungen hing noch jahrzehntelang nach seinem Tod in der Gaststube des Damberger Berggasthofs. Mein Vater hatte dieselbe Ausdauer, in der Pension verbrachte er Stunden beim Patiencespiel. Er wäre gern Forstingenieur geworden, es ergab sich nicht, so ergriff er den ungeliebten Beruf des stubenhockenden Beamten. Uns Kindern, meinem Bruder und mir, brachte er aber in väterlichem Traditionsbewußtsein das Wandern, Bergsteigen und Skifahren bei.
Der eine meiner Urgroßväter mütterlicherseits war der Sohn eines Wirts in Ottensheim. Das Gasthaus lag in Donaunähe am Treppelweg. Die Pferde zum Ziehen der Schiffe wurden hier gewechselt. Nachdem der Urgroßvater an den Franzosenkriegen teilgenommen hatte, verschlug es ihn nach Wien. Er machte einer Wiener Geschäftsfrau, die bereits sieben Kinder hatte, ein achtes Kind. Das Mädchen wurde meine „Wiener" Großmutter. Die jüngste Tochter der „Wiener" Großeltern ist meine Mutter. Mein oberösterreichischer Vater, der Beamte, hatte sie zur Frau genommen. Dann rückte er ein. Als er aus Rußland im Jahr 1948 heimkehrte, ging er mit seiner Familie, also meiner Mutter, meinem Bruder und mir nach Linz, wo er Arbeit fand.
Vom Lastwagen mit dem Übersiedlungsgut sah ich auf Linz hinaus. Der erste Eindruck war eine nicht enden wollende Straße gesäumt von niederen Häusern, die Wiener Reichsstraße. Trostlos war das. In Wien war ich in einer Villengegend groß geworden, ich war schon allein mit dem 43er zum Schottentor gefahren, und von da weiter zu einer Tante Anna, die am Donaukai wohnte, dessen Häuser zum Großteil malerisch in Trümmern lagen.

Die Wohnung im Gemeindebau in der Holzstraße war beengt. Der Vater war mir noch fremd. In der vierten Volksschulklasse fand ich keinen Anschluß, weil ich zu schön sprach. Es ging mir nicht gut. Die Wochenendausflüge brachten die Wende. Mit Rucksack und kalten Schnitzeln in der Proviantdose fuhren mein Vater, meine Mutter, mein Bruder und ich mit der Bahn oder dem Autobus ins Ennstal, in die Eisenwurzen, ins Salzkammergut. Im Winter befuhren wir mit den Skiern die Kuahwampn, mußten wieder hinaufsteigen, zunächst zur Koglerau, und dann zum Pöstlingberg, wo nur mehr die Abfahrt auf der gefürchteten Maierwiese und durch den vereisten Hohlweg zum Petrinum vor uns lag.

Ich sammelte Berge wie andere Briefmarken sammeln. Ich halte immer noch das Hüttenbuch mit den Hüttenstempeln in Ehren. Die Gipfelstürmerei in den oberösterreichischen Alpen ist meine Jugend. Ins Theater ging ich auch. Die jugendlichen Helden hatten mir`s angetan.

Walter Wellauer spielte den Karl Moor. Walter Wellauer war meine erste Liebe. Ich ging ins Parkbad, weil ich wußte, daß er dort war, und war nur damit beschäftigt, ihn aus der Ferne zu beglotzen.

Mit achtzehn heiratete ich und zog drei Söhne auf. Mit dreißig begann ich zu schreiben. Jahrelang wartete ich darauf, mich Schriftstellerin nennen zu dürfen. Mit vierzig war`s soweit, nach ein paar Prosa-Veröffentlichungen, zwei Literaturpreisen, einer Erzählung von mir im Suhrkamp Verlag und Veröffentlichungen im ORF. Als ich zwanzig war, verehrte ich Adalbert Stifter. Ich liebe seither das Mühlviertel, aber nicht aus eigener Anschauung, sondern in den Bildern, die mir Stifters Lektüre vorgibt. Ich war aber, wie ich glaube, als junge Frau doch fähig, ergriffen von der Natur zu sein, vor allem von der Alpenwelt. Heute kann ich, wenn ich in freier Natur bin, was selten der Fall ist, Naturschauspiele nicht mehr unmittelbar erleben. Ich habe ein sekundäres Sehen,

das über den Kopf läuft und nicht mehr übers Herz.
Mit fünfundvierzig setzte ein Prozeß ein, der mittlerweile abgeschlossen ist, und dennoch bin ich noch da. Ich glaubte, mir selbst abhanden zu kommen. „Hunger" von Knut Hamsun war mir das wichtigste Buch. Der Hunger nach Brot fällt darin mit dem Hunger nach Existenz zusammen. Ich las auch „Die Wand" von Marlen Haushofer, die eine ähnlich radikale Aussage hat. Ich wollte an äußerste Grenzen gehen und extrem leben. Als ich merkte, daß ich träg wurde und nicht mehr litt, beschrieb ich in einem Roman, daß ich drauf und dran wäre, mich selbst zu verlieren. Bestätigt fand ich, daß einem an der Schwelle zum Altwerden so etwas widerfährt, wenn man ehrlich zu sich ist, in Jean Améry's Essay „Über das Altern". Jean Améry war Jude, hieß eigentlich Hans Mayer und stammte aus Gmunden.
Heute lebe ich mit den Büchern oberösterreichischer Autoren. Ich rezensiere. Ich messe den Inhalt an meinem Erfahrungsschatz. Ich habe einmal im Josefstädter Theater einen englischen Einakter gesehen. „Wirklich schade um Fred", mit Otto Schenk in der Hauptrolle. Er war auf uralt geschminkt. Seine uralte Frau erzählte ihm, wohl zum x-ten Mal, wie es war, damals... Sie war verheiratet gewesen, er , ihr heutiger Mann, ihr Liebhaber gewesen, sie lag mit dem Liebhaber im ehelichen Bett, der Mann kam heim, der Liebhaber versteckte sich im Kasten, der Mann entdeckte ihn, der Liebhaber war aber schneller und erschlug den Mann. Der uralte Mann fragt: Wieso mußte ich vom Bett in den Kasten, wieso erschlug ich Fred? Sie (dachte: Du alter Trottel, hast es tatsächlich schon vergessen) sagte laut: Wir waren ein Liebespaar!
Ja, die Erinnerung schwindet. Das starke Gefühl läßt nach. Ortega y Gasset behauptete, die Liebe wäre ein Aufmerksamkeitsphänomen. Die Aufmerksamkeit wäre abgezogen auf einen einzigen Punkt, eine ungeheure Einengung. Marianne von Willemer, Goethes Suleika, dichtete: „Macht uns nicht die Liebe reich?" Leider liegt nicht vor, wie sie im Alter darüber dachte. Das hindert

mich nicht daran, ihr in ihrem Großmütterchen-Dasein nachzueifern. Ich fahre mit meinen kleinen Enkeln zum Skifahren. Ich trachte danach, daß sie es erlernen. Das Vermächtnis meines Vaters will ich nun meinerseits weitergeben.

IV

DAS LAND DER STILLEN SEEN

Liane Gruber

FÜHLE DEINEN REGEN

Ich bin froh, dass ich da bin...

Mein Oberösterreich, - wie bist du schön!
Ich möchte niemals von dir geh`n!
Möchte trinken mit den Augen
deine Schönheit, sie einsaugen;
ach, so viel ist in dir drin, -
ich bin froh, dass ich da bin!

Ich möchte deinen Atem schlürfen
und in deiner Erde schürfen,
möchte fühlen deinen Regen
und der Sonne Segen.
Ganz zufrieden ist mein Sinn,
weil ich in Oberösterreich bin!

Im Frühling bist du eine Braut
die zart und duftig mich anschaut;
im Sommer glänzen deine Seen
als würden Augen in Tränen steh`n;
im Herbst locken mich Berg`und Auen -
kann mich an d` Farben satt nicht schauen;
der Winter macht mit Schnee und Eis,
dass du ein König bist, mir weis.
Du kleines schönes Land,
du hast mein Herz als Pfand.
Selbst wenn ich kurz muss weg von hier, -
meine Liebe bleibt bei dir...!

Monika Krautgartner
GEH NACH RIED, FRAU!

Dunja lag ausgestreckt auf ihrem provisorischen Ruhelager. Eng an sie geschmiegt schliefen Dunjas Töchter Samija und Swetlana. Obwohl sie hochschwanger, ausgebrannt und zutiefst erschöpft war, wollte der erlösende Schlaf nicht kommen. Immer, wenn Dunja die Augen schloss, tauchten in ihren Gedanken die Bilder der vergangenen Tage auf. Sie sah das brennende Haus; ihr und ihrer Kinder Heim; sah den Nachbarn, der aus Erbarmen die schrill jaulende, halbverbrannte Katze ihrer ältesten Tochter erschlug, sah die toten Augen ihrer Mutter, aus deren Brust zwei riesige Holzpflöcke ragten.
„Geh nach Ried, Frau! Geh zu meinem Bruder!"
Es riss Dunja beinahe das Herz aus dem Leib, dass sie ihre Mutter nicht einmal hatte begraben können. In aller Eile mussten sie fort. Weg von diesem Ort des Grauens, der noch vor weinigen Wochen ein Heim gewesen ist. Dunja sprach ein Gebet für ihre Mutter. Heiße Tränen rannen über ihr Gesicht. Sie hoffte, dass irgendeiner der Nachbarn genug Güte und Mut besitzen würde, um die alte Frau zu begraben. Vielleicht, wenn dieser Krieg je vorbei sein sollte, konnte sie dann zurückkehren und auf ihrem Grabhügel weinen. Sich die Seele freiweinen, was ihr heute allerdings unmöglich schien. Zu viel war geschehen. Das Gefühl, sicher zu sein, war plötzlich nirgendwo mehr zu finden.
„Geh nach Ried, Frau! Geh zu meinem Bruder!"
Im Grunde hatte sie nie geglaubt, dass der Krieg bis in ihr verschlafenes Dorf vordringen würde. Als Dizi seinen Einberufungsbefehl bekam, realisierte Dunja erstmals, dass auch sie und ihre Familie immer tiefer in diesen Krieg verstrickt wurden. In einen Krieg, der ihr völlig sinnlos erschien, der ihr den Mann wegnehmen konnte und sie zwang, alleine für die alte

Mutter, die kleinen Mädchen und bald auch für ihr drittes Kind zu sorgen. Keiner konnte mehr sagen, was der nächste Tag bringen würde.

„Geh nach Ried, Frau! Geh zu meinem Bruder!"

Wo wohl Dizi jetzt sein mochte?

Ob er sie und die Kinder finden würde, wenn dieser Wahnsinn vorbei ist? Es war nicht leicht gewesen, nach Österreich zu finden. Zuerst der tagelange Fußmarsch, dann der Kampf um den Platz auf den klapprigen Lastwagen. Rücksichtslos kämpfte sie sich durch die Menge, ihre Mädchen fest an den Händen haltend. Jetzt, wo ihr Mann nicht mehr bei ihr sein konnte, wurden die letzten Worte, die er an sie gerichtet hatte, für sie zu einem Leitstern. Es hielt ihn lebendig, sich seine Worte ins Gedächtnis zu rufen. Dizi wusste, was gut für sie war.

„Geh nach Ried, Frau! Geh zu meinem Bruder!"

Hatte er ihr eingebleut. Jetzt war sie da. Irgendwie hatte sie es geschafft. Sie fand auch in dieser Nacht keinen Schlaf mehr. Draußen begann es zu dämmern. Ihr schwerer Leib nahm ihr fast den Atem. In welche Welt würde dieses Kind geboren werden? Wo wird es hingehören? Und wer wird es beschützen?

Angstvoll aber unendlich zärtlich strich sie über ihren gewölbten Leib. Das ungeborene Kind bewegte sich. Mit einem Mal war Dunjas Angst wie weggeblasen. Auch dieses hier war ein Geschöpf, das von ihr abhängig war.

„Geh nach Ried, Frau! Geh zu meinem Bruder!"

„Ich werde schon irgendwie für die meinen sorgen", dachte sie, „ich bringe sie durch und wenn ich Tag und Nacht arbeite. Irgendwie wird es gehen."

„Und", fügte sie nach einer Weile hinzu, „solange Leben in mir ist, werde ich den Riedern dafür danken, dass ich und meine Kinder hier in Sicherheit sind."

Walter Ziehlinger
ZIEMLICH AM RAND

Gibt es überhaupt den „typischen" Oberösterreicher oder die „typische" Oberösterreicherin? Diese Frage habe ich mir schon öfter gestellt. Der Österreicher, aber auch der Ausländer kennt zwar den „typischen" Wiener, er kennt den „typischen" Salzburger, den Tiroler oder den Steirer. Alle sollen etwas „Typisches" an sich haben.

Was ist eigentlich ein „Typ"? Das mir vorliegende Lexikon schweigt sich diesbezüglich aus. Aber beim Begriff „Typus" steht schon etwas mehr. Da gibt es auf einmal Durchschnittstypen, Idealtypen, ja sogar Geno-Typen und Phäno-Typen. Beim Begriff „Typisierung" steht ein Wort, das jeder kennt: Normung. Gibt es beim Menschen Normen? Die Medizin wird dazu ja sagen, die Geisteswissenschaften werden die Behauptung allerdings mehrheitlich verneinen.

Kann man den „typischen Oberösterreicher" oder die „typische Oberösterreicherin" normen oder dafür eine neue Norm (OÖNORM?) ausarbeiten? Waren wir oder unsere Vorfahren immer schon „Ober-Österreicher"?

Es ist erst knapp 55 Jahre her, da waren die Oberösterreicher keine Österreicher, sie waren aber zumindest „Ober". Wobei das Wort „Ober" gar nichts mit der Berufsbezeichnung für Kellner oder der Spielkarte beim „Schnapsen" zu tun hat. Damals waren alle, die zwischen Böhmerwald und Dachstein, Inn und Enns gelebt haben, in „Ober-Donau" zu Hause.

Damals gab es keine Oberösterreicher, es gab aber auch keine Niederösterreicher. Auch der „Gau" östlich der Enns musste seinen Namen wechseln.

Vor dieser Zeit gab es aber bereits die Bundesländer Ober- und Niederösterreich. Allerdings gab es da noch eine Bezeichnung: „Österreich ob der Enns" oder „Österreich unter der Enns".

Beschäftigt man sich mit der Geschichte unseres Bundeslandes, dann stellt man fest, dass Oberösterreich nicht immer Oberösterreich war. Die Landesgrenzen waren nicht immer dort, wo sie heute sind. Vor knapp 60 Jahren gehörte das Ausseerland und der Bezirk Krumau zu „Ober-Donau". Seit 1945 gehören diese Gebiete wieder zur Steiermark bzw. zur Tschechischen Republik. Das Innviertel, wo heute viele „typische" Oberösterreicher zu Hause sind, gehörte viele Jahrhunderte zu Bayern. Die Städte Steyr und Steyregg erinnern daran, dass die Grenzen der Steiermark irgendwann in der Vergangenheit bis über die Donau reichten. Und was ist mit der heutigen Bevölkerung? Sind überhaupt alle OberösterreicherInnen in Oberösterreich geboren? Fühlen sich die „Zuagroasten" als Oberösterreicher oder fühlen sie sich als Gäste in einem gastfreundlichen Land.
Offiziell hat Oberösterreich vier Viertel. Jedes Viertel hat eine gewisse Eigenständigkeit. Die Landeshauptstadt liegt nicht in der Mitte unseres Bundeslandes, sondern ziemlich am Rand. Sie liegt sogar von vielen Orten so weit weg, dass es in die Landeshauptstadt des Nachbarbundeslandes näher als nach Linz ist. Das „typische" Beispiel dafür ist das Salzkammergut. Bad Ischl liegt näher bei Salzburg als bei Linz. Auch die Bewohner des Bezirkes Braunau arbeiten schon teilweise in Salzburg oder gehen dort in eine höhere Schule. Umgekehrt fahren viele Bewohner des Bezirkes Amstetten häufig nach Linz oder Steyr einkaufen. Viele Niederösterreicher haben aber auch ihren Arbeitsplatz in Oberösterreich. Für die Bewohner von Grein und Umgebung ist wieder Amstetten die nächstgelegene größere Einkaufs- und Kulturstadt. Steyr liegt ganz knapp an der Landesgrenze. Der Stadtteil Münichholz hat sogar früher zu Niederösterreich gehört, wurde aber der Einfachheit halber gleich an Oberösterreich angeschlossen.
Oberösterreich hat Anteil an vielen europäischen Landschaftsformen. Im Norden ist das Granitmassiv, in der Mitte das

Donautal und das Alpenvorland, im Süden sind die Alpen. Den Dachstein mit seinen fast oder sogar etwas mehr als 3.000 Meter teilen sich die Steiermark und Oberösterreich. Für beide Bundesländer ist der Dachstein der höchste Berg. Sind nun die Bewohner der höheren Regionen im Mühlviertel, im Salzkammergut und in der Pyhrnregion die wirklichen „Ober-Österreicher"? Sie wohnen doch der Meereshöhe nach hoch über den anderen. Oder handelt es sich dann um „typische" Oberösterreicher, wenn sie in ihrem Betrieb eine Vorgesetztenfunktion ausüben, wenn sie in der Hierarchie über den anderen Mitarbeitern stehen. Ist der oberösterreichische Landeshauptmann dann sogar ein „Ober-Ober-Österreicher", ein besonders typischer.

Wie steht es mit den Oberösterreichern, die nicht mehr in unserem Bundesland leben und arbeiten, hier aber geboren wurden? Sind das noch Oberösterreicher oder sind sie schon Steirer, Wiener, Tiroler oder ...? War unser berühmtester oberösterreichische Komponist Anton Bruckner wirklich ein Oberösterreicher, obwohl er viele Jahre in Wien gewirkt hat? Wie ist es aber umgekehrt?

Sind Bewohner unseres schönen Landes auch dann Oberösterreicher, wenn ihre Wiege in einem anderen Bundesland oder im Ausland stand? War vielleicht Wolfgang Amadeus Mozart gar ein Oberösterreicher? Er hat doch einige Tage in Linz gelebt und hier sogar komponiert. Diese Beispiele ließen sich auch auf andere Berufe ausdehnen: Architekten, Maler, Bildhauer, Schauspieler, Sänger, Sportler und alle, die in der Wirtschaft tätig sind.

Fragen über Fragen, kann man die überhaupt alle beantworten. Handelt es sich dann um „typische" Oberösterreicher, wenn sie gerne Schweinsbraten und Brathenderl essen? Sind die Bewohner unseres Landes keine „typischen" Oberösterreicher mehr, wenn Sie lieber Fast food oder Pizza verzehren?

Da ich doch keine Antwort finde, verlasse ich mich auf die anderen Autoren dieses Buches. Vielleicht ist es jemanden gelungen, die Merkmale eines „typischen" Oberösterreichers, einer „typischen" Oberösterreicherin zu finden.
Viele Landesbewohner sind stolz auf ihre Heimatgemeinde oder ihr „Viertel". Sie sind gerne Linzer, Steyrer, Welser, Gmundner aber auch Mühlviertler, Innviertler, Traunviertler usw.
Sind sie aber auch gerne Oberösterreicher?
Freuen wir uns doch alle miteinander, dass wir in einem wunderschönen, friedlichen Land leben dürfen. Hoffen wir aber auch, dass es unseren Kindern genau so geht. Dass auch für sie Oberösterreich eine wirkliche Heimat ist.
Bis dahin wird man vielleicht den „Typischsten" von uns Oberösterreichern finden.

Silvia Wiesmair (12 Jahre)
AUF BLUMENWIESEN

Ich finde Oberösterreich einfach wunderschön, die Landschaft, die Geschichten der einzelnen Städte, die Schulentwicklungen und der Frieden.
Ein Gefühl zu haben, dass man in diesem Bundesland geboren ist, dass die Natur nur leben kann wenn Menschen zusammenhelfen, das ist schön. Wenn die Leute tun was richtig ist, nicht nur vermuten es kann richtig sein. Das Wissen der Menschen ist für die Natur sehr wichtig! Es ist auch schön, dass man die Vergangenheit und wie es früher war nicht ganz vergisst oder die Geschichte der einzelnen Häuser. Das Behalten der Vergangenheit, der Natur und die Geschichte, das machen die Oberösterreicher ist mein Eindruck. Die Freizeit ist auch ein wichtiger Teil des Lebens. Es gibt Aktionen, die sowohl den Kindern als auch den Erwachsenen dienen und Spaß machen oder Spaß machen können. Das Entspannen und die Möglichkeit dazu haben ist wichtig, die gibt es in Oberösterreich, zum Beispiel an Seen, in Wäldern, auf Blumenwiesen, in Bädern, auf Bergen, am Rand der Flüsse, wenn man nur den Fluss oder Strom entlang geht oder daheim im Garten. Ein oberösterreichisches Lebensgefühl gibt es, man muss es aber erst finden. Zum Beispiel an Aktionen teilnehmen, die Landschaft genießen und schätzen, nur so glaube ich, kann man es finden, das Gefühl.

Maria Mayrhofer
DER KAISER FRANZ JOSEF

Waun mi oaner frâgt, woher i denn kimm,
dânn sâg' i, nöt ohne Stolz in der Stimm:
„Aus Oberösterreich, aus'm Sâlzkâmmerguat"
und i g'spür's direkt, wia woi ma dös tuat.
Für mi gibt's koa schenere Geg'nd auf da Welt,
wei's oan dâ bei uns jâ ân goar nixi fehlt:
Dö Wies'n san greana wia sunst überâll,
drum kimmt a dö beste Milch aus'm Stâll,
uns're Seen san, wia nirgends, so rein und kloar
und dö Berg erscht rundum, dö san gânz wunderbâr.

A jed's vo uns're Viertel hât sein eigenen Reiz,
dâ brauch i koa Spanien, koa Frânkreich, koa Schweiz -
bei uns hâb' i ois dös im Kloan sche beinând,
brauch koa große Garderob', neta s' Dirndlgwând,
dös paßt überall, von da Fruah bis in d' Nâcht,
wie bei uns hâlt ma wâs auf Brauchtum und Trâcht.
Musiziern tan ma a gern und singa dazua
und jeder, der g'streßt is kimmt bei uns glei zur Ruah.
Überhaupt san ma g'söllige, lustige Leit
und wohin ma a kemman, mit uns hâm's a Freid.

Waun oft a dö Schâl'n a weng rauh is und hârt,
da Kern der is woach, wia da gamserne Bârt.
Dös hât a da Kaiser Franz Josef scho kennt -
er is gern in Bad Ischl umanânder g' rennt,
hât dö herrliche Lândschaft genoss'n und d'Jâgd
und an jed'n, dass 'n recht g'freit hât, g'sâgt.
Âber nöt grâd da Kaiser hat unser Geg'nd mög'n,

Politiker, Künstler, Millionäre kânnst sehg'n,
waunst in unser'm Oberöst'reich umanânderkimmst
und dir Zeit für dös rechte Betrâcht'n nimmst.

So vü schene Fleckö, wia ma dâ bei uns find't,
dö gibt's koa zweit's mâl, dös woaß i bestimmt
und dânn nu dazua unser g'schmackige Kost:
d' Linzertort'n, d' Krâpf'n und erscht recht da guat Most -
mei Liaber, dâ kânn ma scho wunderlich wer'n
und wer oamoi bei uns wâr, der kimmt wieder gern.

Do sollt'n vielleicht schlechtere Zeit'n kemma,
so brauch ma a dös nöt so tragisch nehma -
bei uns gibt's gnua Troad, g'sund's Wâsser und Sâlz
und Schweindl und Küah für Butter und Schmâlz.

Drum kann i's nur jed'm âns Herz leg'n und sâg'n:
Aus Oberösterreich müaßat's mi aussitrâg'n;
mei Hoamat is dâ und drum wüll i dâ bleib'n
und vo neamd und vo nix laß' i mi vertreib'n!

Bernhard Steidl (15 Jahre)
RUHE

Offensee
Böhmerwald
Erholung
Radfahren
Ödseen
Salzkammergut
Traunstein
Enns
Ruhe
Reiten
Eisen
Innviertel
Christentum
Hallstatt

Margret Czerni
OBERÖSTERREICH IST HIMMLISCH

„Oberösterreich ist himmlisch!" Als Adalbert Stifter diese Worte in Linz schrieb, kannte er bereits viel vom Lande ob der Enns mit seinen Naturschönheiten und kulturellen Kostbarkeiten. Vom Böhmerwald war er gekommen, hatte nach seinen Studien im Stiftsgymnasium von Kremsmünster und seinem Aufenthalt in Wien die oberösterreichische Landeshauptstadt als Wohnort gewählt: zunächst für Sommer- und Arbeitsaufenthalte, und schließlich auf Lebenszeit. Mehr als zweihundert Jahre später sollte mein Lebensweg auch mich von Wien nach Linz führen – vorübergehend, wie ich damals meinte. Heute, im Jahr 2000, lebe ich noch immer hier.

Eingetroffen bin ich in Linz im Januar des Jahres 1950, und die Stadt empfing mich grau in grau, für Wochen zugedeckt mit dikkem Nebel. Während Stifter, der an der Unteren Donaulände wohnte, in einem Brief noch davon schwärmen konnte, daß er bei geöffneten Fenstern den Duft der Baumblüte vom gegenüberliegenden Ufer riechen könne, war die Luft zur Zeit meiner Ankunft und noch lange danach mit Schadstoffen von der viel zu nahen Großindustrie belastet. Ich war von Wien her eine bessere Luft gewöhnt, sodaß mich sofort eine hartnäckige Bronchitis heimsuchte. Jahrelang wurde ich oft des Nachts durch Kratzen im Hals geweckt. Was mich mit Linz versöhnte, waren meine berufliche Tätigkeit und der Umstand, daß die Stadt im Gegensatz zu Wien wirklich an der Donau liegt. Vom Inn bis zur Enns ist dieser große Strom oberösterreichisch und bindet unser Bundesland auf dem Wasserweg ein in unsere größere Heimat Europa, die zu jener Zeit nicht mehr als eine Idee und eine vage Sehnsucht war. Niemand hätte damals die folgende Entwicklung, die uns in weltweite wirtschaftliche und kulturelle Vernetzungen geführt hat, vorhersagen können. Trotzdem oder gerade deshalb ist es mir wichtig, einen Ort zu haben, an dem man im engeren Sinne zu Hause ist, was Vertrautheit mit seinem unmittelbaren Lebensumfeld und dessen Menschen bedeutet. So gesehen habe ich drei Heimaten: die eine, die mich geprägt hat, in Wien; die andere in Linz; und eine weitere in Altmünster am Traunsee. Bin ich nun eine Zweidrittel-Oberösterreicherin? Gegen diese Definition würde ich mich wehren, obwohl ich in all den Jahren das Land mit seinen vier Vierteln lieben gelernt habe: das Innviertel mit seiner Moorlandschaft und dem dichten Weilhartsforst, in dem man sich verirren und in völliger Einsamkeit nach Schwammerln suchen oder einfach den Geräuschen der Natur lauschen kann; mit seinen fruchtbaren und weiten Feldern, und vor allem mit der Öffnung nach Westen, denen die Innviertler wohl Züge von Weltoffenheit und Großzügigkeit verdanken; - das Hausruckviertel mit dem Auf und Ab seines langgestreckten Bergrückens und dem dunklen Kobernaußer Wald am südwestlichen Ende, der mir stets ein wenig abweisend und verwunschen schien; mit seinen Bergbewohnern, die ich als geradlinig und herzlich kennen gelernt habe; – das vom böhmischen Wind durchwehte Mühlviertel, das „Mühleland", wie ich es auch bezeichnend fand, weil es im oberen Teil von der Großen und Kleinen Mühl durchflossen wird, und das ebensogut „Müheviertel" heißen könnte, weil es auf Granit gebettet ist und sich der Boden seine Feldfrüchte nur mühsam abringen läßt; mit freundlichen, aber eher zurückhaltenden Menschen, die sich jedoch öffneten und sich als aufrichtig und verläßlich erwiesen, sobald ich ihr Vertrauen erworben hatte; – und schließlich das Traunviertel mit seinen Flüssen und Seen und den unzähligen romantischen Winkeln zwischen Dachstein und Enns; mit dem berühmten Salzkammergut, in dem es schon den alten Kaiser „sehr gefreut" hat; aber gerade hier, in dieser von mir so geliebten reizvollen

Landschaft, habe ich viel Engstirnigkeit und Unfreundlichkeit erlebt - ein Gegenpol zum Innviertel, wie ich es sehe. Überall aber, in jedem der vier Viertel, schmucke bis stattliche Häuser und Bauernhöfe und gepflegte Gärten und Felder -, Sauberkeit überall, von fleißigen Händen geschaffen. Und schließlich die Landeshauptstadt Linz. Wie hat sie sich doch seit dem Kulturschock, den ich vor fünfzig Jahren hier erlitten habe, zum Positiven verändert! Freilich ist nicht alles Gold, was glänzt, aber das ist es nirgendwo. Auf der Basis einer dynamischen wirtschaftlichen und kulturellen Entwicklung und in einem politischen Klima, das seit 1945 vom Willen zu konstruktiver Zusammenarbeit zum Wohle von Stadt und Land bestimmt wird, stimme ich längst mit Adalbert Stifter überein: „Oberösterreich ist himmlisch!"

Ingrid Froschauer
UNSER LAND IST BUNT

Oberösterreich - ein schönes und vor allem vielfältiges Land. Vom Granit- und Gneishochland im Mühlviertel über das Alpenvorland bis hin zu den Kalkalpen mit dem 2.995 Meter hohen Dachstein, Burgen, Schlösser, Kirchen, alte Bauernhöfe in den verschiedenen Bauarten (z. B. Vierkanthof), Museen... Das alles ist ein Teil unserer geliebten Heimat.

„Heimat", das ist ein Begriff, mit dem wir sehr wohl etwas anfangen können, und der uns auch viel bedeutet. Zu allererst identifizieren wir uns allerdings als Innviertler, Mühlviertler usw. Jedes Viertel hat eben seine Besonderheiten und grenzt sich so von den anderen ab, und darauf dürfen wir auch zurecht stolz sein. Besonders auffällig sind dabei die verschiedenen Sprachfärbungen. Mit Hochdeutsch hat das oft nur sehr wenig zu tun.

„Mostschädel" - das ist ein Ehrentitel und wird keinesfalls als Beleidigung angesehen. Der Most ist unsere Landessäure und dazu stehen wir auch. Oberösterreich ist außerdem das Land des Knödels, denn diese gibt es in allen nur denkbaren Variationen: Angefangen vom Suppenknödel über den Fleischknödel bis hin zum süßen Knödel als Nachspeise. Ja, wir wissen sehr wohl was gut ist. Gerühmt und beliebt sind auch die Krapfen, die Strauben, das Geselchte, das Bratl, die Mohnnudeln aus dem Mühlviertel und der Kaiserschmarrn aus dem Salzkammergut.

Daß es sich in Oberösterreich gut leben läßt, haben schon sehr viele berühmte Menschen erkannt. Das wußte einst auch schon unser Kaiser Franzl und erkor Bad Ischl zu seinem Erholungsgebiet. Oberösterreich hat aber auch selbst schon viele

Berühmtheiten hervorgebracht: Alfred Kubin, Anton Bruckner, Richard Billinger um nur einige zu nennen.

Tradition und Brauchtum werden in Oberösterreich gepflegt. Dazu zählen aber nicht nur die vielen Musikkapellen und Vereine, die es verstreut über sämtliche Landesteile gibt. Nein, dazu gehören auch die Feiertage (Umzüge, Palmweihe,...) und andere Bräuche wie z. B. das Maibaumkraxeln (und natürlich Maibaumstehlen), die Störnacht, ... Etwas Besonderes sind auch die vielen Trachten und Goldhauben, die von Region zu Region ganz unterschiedlich aussehen.

So soll es also sein, unser Oberösterreich. Ist das wirklich alles? Kommen Ihnen da nicht die geringsten Zweifel in den Kopf?

Überlegen Sie doch einmal: Die schöne Landschaft beispielsweise, die oben beschrieben wurde, die verdanken wir vor allem den Bauern, die sie pflegen. Was wäre aber, wenn immer mehr „kleine" Bauern ihren Beruf aufgeben würden? Wie viele kleine Wiesen, Gärten, würden dann nicht mehr gemäht? Wieviel Vielfalt und Schönheit ginge verloren, wenn es nur noch darum ginge, möglichst große, ertragreiche Flächen zu haben? Und unsere Gebäuden, die wir jetzt errichten, sind die noch immer etwas so Einmaliges? Hat sie der Architekt XY etwa nicht auf den modernen Geist unserer Zeit abgestimmt, anstatt auf die Region, die es schmücken soll? Kommt Ihnen das nicht irgendwie bekannt vor?

Und die Sache mit unserem Dialekt? Kann es vielleicht sein, daß sich dieses Problem mit der Zeit von selber lösen wird? Werden wir unseren Kindern beibringen müssen, reines Hochdeutsch zu sprechen, damit sie nicht benachteiligt werden?

Wie sieht es wirklich mit unseren Eßgewohnheiten aus? Fragen Sie ein Volksschulkind nach seiner Lieblingsspeise, und was wird es Ihnen wahrscheinlich antworten? Pizza, Spaghetti, oder was auch immer. Wer nimmt sich überhaupt noch die Zeit, um unsere Traditionsgerichte zuzubereiten? Ist es nicht viel bequemer, die Fertigpizza 20 Minuten im Rohr zu erwärmen, oder einen tiefgekühlten Mohnknödel in die Mikrowelle zu geben? Fast food ist „in" und die McDonalds werden immer mehr.

Und die Brauchtumspflege? Klar, einige Brauchtümer sind noch erhalten geblieben, aber wie viele sind bereits verlorengegangen? Sind wir uns des ursprünglichen Sinnes diverser Bräuche überhaupt noch bewußt? Oder „spielen" wir die Zeremonie sowieso nur noch für die Touristen?

Vielleicht ist es an der Zeit, wieder einmal über all das nachzudenken. Ich glaube, man kann nicht einfach Schwarz-Weiß-Malerei betreiben, wenn man Oberösterreich darstellen will.
Unser Land ist bunt. Wir müssen nur darauf achten, daß es das auch bleibt.

Martina Salomon
ALLTÄGLICHE SPRACHVERWIRRUNG

Grüß Gott! In dieser illustren oberösterreichischen Runde kann ich Sie ja ungeniert grüßen wie daheim. In Wien - das lernte ich als junge Journalistin aus der Provinz ziemlich schnell - ist der Gruß zugleich politisches Bekenntnis. Ein zackiges „Tag" ist daher für sozialdemokratische Interviewpartner dringend angeraten, um nicht von vorneherein als „Konservative" etikettiert zu sein. Kehliges „Grüssi" geht da eben noch durch und erfreut sich in Gewerkschaftskreisen großer Beliebtheit. Wem beides nicht gefällt, der laviert sich vormittags mit „Morgen" durch und fällt mittags schon wieder unangenehm auf, weil ihm das unter Wiener Beamten so beliebte „Mahlzeit" einfach nicht über die Lippen kommen mag.

Kompliziert auch der Abschied - vor allem mit Du-Bekanntschaften. Mit dem heimeligen „Pfiati" ist man unwiderruflich als Land-Ei entlarvt. Doch wer sich das windelweiche „Baba" der Bussi-Bussi-Szene angewöhnt, muß daheim - in Oberösterreich - zu Recht mit scheußlichen Konsequenzen rechnen. Wer will sich schon gern des „Mundl"-tums bezichtigen lassen? Neudeutsch „Tschüss" (noch gräulicher: Tschüssi!) macht die Sache kaum besser. Als letzte Rettung bleibt somit nur das neutralere „Servus".

Und dann die Sache mit der Uhrzeit! Daß „viertelzwei" viertel nach eins bedeutet, bereitet allen Oberösterreichern in Wien Kopfzerbrechen. Obwohl es doch schon so lang aus ist, daß meine Haupttheimat im Herzen Oberösterreichs lag. Lang aus? Klingt goldrichtig, ist grammatikalisch jedoch erstaunlicherweise falsch, dafür aber (laut Wiener Ehemann) ziemlich einwandfreies Oberösterreicher-Erkennungszeichen. Was man nicht alles in der

Bundeshauptstadt lernt! Aber, ganz im Vertrauen: Die unkompliziertesten, offensten und freundlichsten Wiener entpuppen sich signifikant oft als Oberösterreicher. Wer geographisch so schön in der Mitte geboren wurde, neigt eben selten zu unangenehmen Extremen. Stimmt doch? Eben. Pfiat Euch!

Maria Neulinger
ZU JEDER TAGESZEIT

Am Stadtrand von Linz auf einem Bauernhof aufgewachsen, konnten es die meisten meiner Freunde nicht verstehn, dass es mich nach ihren Worten ins hinterste Mühlviertel verschlug. Inzwischen ist dieses Stück Oberösterreich, das für mich eine der schönsten und erholsamsten Gegenden Österreichs darstellt, zur Heimat geworden. Besonders fasziniert bin ich noch immer von der Gemeinschaft in den dörflichen Kommunen. Hier haben alle Platz, auch jene, die nach dem ersten Hinsehen nicht in das Gefüge passen wollen. Besonders angetan haben es mir aber jene, die ich liebevoll „Originale" nennen möchte.

Sepp (Name geändert) ist so einer: Sein Lebtag lang hat er allein auf seiner kleinen Landwirtschaft ums Überleben gekämpft, als Zubesserung ist er auch noch roboten gegangen und im Alter muss er nun mit einer kleinen Rente das Auslangen finden. Sepp ist unverheiratet geblieben und hat daher sein Sacherl in der Rente an einen seiner Neffen verpachtet. Bei ihm ist jedoch keine Spur von Einsamkeit zu entdecken. Er spielt in der örtlichen Musikkapelle und es kann schon öfters passieren, dass die Kapelle schon Aufstellung genommen hat und der Sepp erst mit dem Fahrrad angeradelt kommt. Hier muss gesagt werden, Sepps Fortbewegungsmittel sind übers Jahr das Fahrrad und im Winter die Langlaufskier, obwohl er immerhin drei Kilometer in den Ort hat und dort ist er oft und zu jeder Tageszeit anzutreffen. Manche bezeichnen es als Wunder, dass Sepp immer gut heimkommt, wenn er wieder einmal zu tief ins Glas geschaut hat. Man hat ihn auch schon zu nächtlichen, meist aber in den frühen Morgenstunden schlafend oder aber mit gebrochenen Gliedern im Straßengraben aufgefunden. Dies alles kann ihn nach wie vor nicht davon abbringen, seinem Bedürfnis nachzukommen, das gesellige Leben im Ort zu genießen.

Ein weiteres Original ist unser Franzi. „Unser" deshalb, weil ihn eine Freundin und ich mit 28 Jahren firmen haben lassen. Diese Firmung entwickelte sich zu einer Solidaritätsaktion, wie sie für die Menschen des Mühlviertels bezeichnend ist. Franzi hat seine Kindheit im Kinderdorf St. Isidor verbracht und ist seit seiner Schulzeit Hilfsarbeiter. Als er mit seinem Bruder vor inzwischen 25 Jahren gefirmt werden sollte, fuhr der Vater mit den beiden Buben eine Woche zu spät nach Linz in den neuen Dom zur Firmung. Da es damals noch keine Pfarrfirmungen gab, war für den Vater das Thema Firmung erledigt. Der Bruder fand Jahre später einen Freund als Firmpaten, Franzi blieb durch seine Behinderung über. Als ihm wieder einmal das Bier zu gut schmeckte, brach der Frust über seine nicht erfolgte Firmung auf und er weinte darüber bitterlich. Am Wirtshaustisch wurde nun die Idee der späten Firmung geboren.
Alle, die dabei waren, beteiligten sich an der Ausstattung des Firmlings und auch der Bürgermeister stellte sich mit einem Geschenk ein. Franzi war sehr stolz, dass er sogar in den Genuß eines privaten Firmunterrichts kam, denn der Herr Pfarrer meinte, die Firmkarte wäre nach 15 Jahren verjährt. Die abschließende Beichte bereitete ihm zwar einige Kopfzerbrechen, aber nun stand dem Fest nichts mehr im Wege. Gefirmt wurde in Wilhering und nach dem Mittagessen ging es nach Grünau in den Tierpark. Besonders erheitert war Franzi, als die Kellnerin beim Mittagessen meinte, ein Firmling darf doch kein Bier trinken! Mit einer jährlichen Bergwanderung, die er als Firmausflug bezeichnet, kann man Franzi die größte Freude machen, wie ich überhaupt noch keinen Firmling erlebt habe, der sich so ehrlich und tief freuen kann. Eine besondere Freude bereitete es mir, dass sich ein örtlicher Jungunternehmer bereiterklärt hat, Franzi einzustellen, als

dieser seine alte Arbeit durch Rationalisierung verloren hat. Diese menschliche Komponente unserer Heimat, die jedem Leben, ob jung, alt, gebrechlich oder behindert einen Platz einräumt und jene auffängt, die zu fallen drohen, lässt mich für unsere Kinder optimistisch in die Zukunft blicken und Gott danken, dass er mir im schönen Oberösterreich seinen Platz zugewiesen hat.

Johannes Schasching
DAHOAM IS DAHOAM

Franz Stelzhamer hat dieses Lied gedichtet. Am Schluß fügte er hinzu: „Denn d'Hoamat is ehn'da da zweit Muadaleib".
Heute spricht man viel vom Europa-Bürger, von Globalisierung und weltweiter Vernetzung. Das hat durchaus seine Berechtigung und seine Zukunft. Aber von einem bin ich überzeugt: Wenn der Mensch nicht in einer unmittelbaren Heimat verwurzelt ist, wenn er nicht dort Liebe und Freundschaft, Geben und Nehmen erfährt, bleibt er auch in Europa ein Fremder.
Damit bin ich wieder beim Oberösterreicher Stelzhamer und seinem „zweiten Muadaleib". Freuen wir uns darüber: Oberösterreich verfügt noch über einen gesunden Mutterboden: Die Wirtschaft blüht und die Arbeitslosenquote hält sich in Grenzen. Der soziale Friede scheint gesichert und in der Politik bemüht man sich um Toleranz. Von radikalen Weltanschauungen spürt man wenig und auch religiös gesehen gibt es kräftige Lebenszeichen.
Aber neben der Sonnenseite gibt es auch dunkle Wolkenbänke. Experten sprechen von einer Zwei-Drittel-Gesellschaft. Ein Drittel ist in Gefahr, an den Rand gedrängt und ausgegrenzt zu werden: Langzeitarbeitslose, alte Menschen, und neue Armut. Gilt das auch für Oberösterreich? Sind wir bereit zu teilen? Gerade mit jenen, die in Gefahr sind, ausgegrenzt zu werden? Ist die Sonne über unserem Land stark genug, die dunklen sozialen Wolkenbänke aufzulösen?
Wir wissen in Oberösterreich sehr gut um die Bedeutung des gesunden Grundwassers. Davon lebt nicht nur die Natur sondern auch der Mensch. Es gibt auch ein geistiges Grundwasser: Die Werte, die in einem Volk gelten, aus denen es lebt und auf die es sich verlassen kann: Wahrheit, Gerechtigkeit, Treue, Friede. In Oberösterreich wurde das geistige Grundwasser der Werte unter-

sucht. Das Ergebnis: Es gibt noch einen beachtlich gesunden Grundbestand: Fleiß, Selbstverantwortung, Hilfsbereitschaft. Es wurden aber auch Verschmutzungen festgestellt und ungute Abwässer: Egoismus, Mißtrauen, Feindschaft.
Um es kurz zu sagen: Weil wir unsere Heimat lieben, freuen wir uns über die vielen Sonnenseiten. Aus dem gleichen Grund spüren wir aber auch die Verantwortung für die Zukunft. Wir erwarten keine Patentlösungen aus Brüssel. Das gesunde Leben entsteht und lebt am Ort: in unseren gesunden Familien, in den Nachbarschaften, in Gemeinden und Bezirken, auf Landesebene. Dort ist der Humus, aus dem tragfähige zwischenmenschliche Beziehungen und glaubwürdige Werte entstehen, die unsere Heimat vor geistiger Verkarstung schützen. Stelzhamer hatte schon recht: „Denn d'Hoamat is ehn'da da zweit Muadaleib".

Ingrid Weese
DAS SCHÖNSTE LAND

Im Frühjahr 1945 mußte ich als Siebenjährige meinen Geburtsort Nikolsburg an der niederösterreichischen Grenze verlassen. Meine Mutter, mein Bruder und ich waren auf der Flucht vor den Tschechen; mein Vater irgendwo in Rußland verschollen. Der Krieg war verloren und wir hatten, wie viele tausend andere, keine Bleibe mehr.

Wie es das Schicksal wollte, verschlug es uns nach Neumarkt im Hausruck und hier begann mein Leben als Oberösterreicherin. In Neumarkt konnten mein Bruder und ich gleich im Herbst unsere Schulausbildung fortsetzen.

Die allerersten Tage hat uns ein Briefträger (Fam. Schwarz) bei sich aufgenommen, er war Familienvater und hatte es sicher auch nicht „dick". Ich durfte bei seinen Kindern in einem gemeinsamen Bett schlafen, meine Mutter in der Küche und mein Bruder in der Scheune. Er handelte aus reinem Mitgefühl und ohne Vorbehalte.

Später übersiedelten wir in ein Barackenlager und nach einem harten Winter fanden wir bei einem pensionierten Oberlehrer-Ehepaar ein Zimmer in einem Haus mit schönem Garten.
Die Neumarkter hatten es damals selbst nicht leicht, haben uns aber geholfen und uns nie als „Zuagroaste" behandelt.

Im Jahr 1948 hat uns mein Vater über das Rote Kreuz in Neumarkt aufgestöbert. Er war in Sibirien in Gefangenschaft und wurde als „Krüppel" via Österreich entlassen. Er fand bald eine Anstellung in der Österreichischen Stickstoffwerke AG und auch eine Wohnung im Rennerhof in Linz.

Als begeisterte Wanderer haben meine Familie und ich von hier aus Oberösterreich kennengelernt - alle Regionen - vom Mühlviertel über das Salzkammergut bis hinauf zum Dachsteingipfel.

Ich habe heute natürlich selbst eine eigene Familie (mein Mann ist übrigens geborener Wiener) und wir lieben Oberösterreich vom Mühlviertel bis zum Dachsteingipfel.

Oberösterreich ist für uns das schönste Land, es bietet alles von der Ebene bis zum Hochgebirge, wunderbare Seen, herrliche Flüsse und Bäche, Wasserfälle und Tümpel, Moore und Steinwüsten, Kultur und Gastlichkeit, Landwirtschaft und Industrie.

Ich habe in Linz am Barbarafriedhof meine Eltern begraben und möchte, so Gott will, auch hier meine Tage beschließen.

Gertrud Fussenegger

KLEINER VERSUCH, DAS LAND ZU ORTEN

Für mich ist Oberösterreich das Herzstück Österreichs und trotzdem deutlicher Eigenwuchs: ein Unikat.

Herzstück nenne ich das Land nicht nur, weil es halbwegs in der Mitte zwischen Boden- und Neusiedlersee liegt, weil es in anmutiger Ausgewogenheit Hochgebirge, Flach- und Hügelland umschließt, weil die Donau hier schon ein behäbiger Strom und die ihr zueilenden Flüsse noch flott hüpfende Berggewässer sind - und damit die beiden Temperamentlagen zeigen, die uns Österreichern zugeschrieben werden. Auch im Politischen bildet unser Bundesland die Position der ganzen Republik ab, indem es als einziges sowohl an den großen Nachbarn Deutschland als auch an das kleinere Tschechien grenzt und dadurch das mitteleuropäische Gemenge - samt ihren Chancen und Problemen - manifestiert.

„Das Land ob der Enns" hat einen Zwilling, „das Land nied der Enns" und mit ihm sicher so manche Ähnlichkeit; daneben allerdings auch ein tiefgreifend strukturelles Anderssein. Auf Niederösterreich hat seit Jahrhunderten das Gravitationsfeld Wien eingewirkt; so ist es Vor- und Umland der großen Metropole geworden, die - einstmals Hauptstadt eines vielgliedrigen Reiches - mit imperialer Gestik ausgestrahlt, rundum schichten- und charakterbildend gewirkt und - nicht zuletzt als Mischkessel verschiedenster Ethnien - abgefärbt und eingefärbt hat.

Ganz anders der Nachbar im Westen: Salzburg Stadt und Land, vor und in einer glänzenden Berglandschaft gelegen, vielumworbene Schönheit, kirchenfürstlich geprägt. Diesem Bundesland geht es etwa so wie einer hochbepreisten Miß World, die sich wunderbar ausnimmt auf dem Laufsteg (ihrer Festspiele), der aber die beengte Existenz ihrer Herkunft nachhängt. Lange wurde das Land von der Großen Politik zwischen Österreich und Bayern hin- und hergeschoben, es hat Gebiete an Tirol verloren und wurde erst spät als selbständiges Kronland in der Monarchie anerkannt. Noch heute schwankt es in seinem Selbstverständnis zwischen altem Erzbistum und republikanischem Bundesland, träumerischer Idylle auf der Auffahrtrampe der Großen Welt.

Zwischen diesen Nachbarn im Osten und Westen nimmt sich Oberösterreich äußerst stabil und festgegründet aus. Hier gibt es zwar weder eine Hofburg noch eine Gloriette, weder Lippizaner noch international berühmte Festspiele; hier ist man solide sachbezogen, dafür weniger intrigant; hier ist man weder so euphorisch wie im mailichen Wien noch so trübsinnig wie im Salzburger Winter.

Man hat keine Reben gezogen, aber gutes Korn und dicke Kartoffel. Die Hauptstadt hat sich nie zu einer Residenz gemausert, und das Schloß in Linz ist ein nüchterner Bau. Dafür haben die wohlhabenderen Bürger des Landes ihren Frauen und Töchtern goldene Hauben verpaßt und damit Stolz angemeldet. Die Söhne des Landes hatten sehr wenig Aussicht als Lakaien am Kaiserhof oder als Türsteher bei ungarischen, böhmischen und italienischen Granden angestellt zu werden; so blieb ihnen auch die Einübung in Liebesdienerei und Doppelzüngigkeit erspart.

Selten haben sich Bräuche und Festlichkeiten zu jener charmanten Leichtigkeit aufgeschwungen, die man im Wiener Umfeld erreichte; sie waren zwischen Enns und Inn immer ein wenig bieder, vertrauenserweckend volkhaft und pausbäckig; so haben sie es auch vermieden in die Nähe des Morbiden abzugleiten.

Stifter und Bruckner sind die Kunstheroen des Landes geworden; beide haben sich als Diener einer guten Sache gefühlt, es hat ihrer Genialität keinen Abbruch getan.

Und schließlich: Oberösterreich ist der Schritt in die Neue Zeit ohne fieberhafte Krisen und Erschütterungen gelungen. Da war mehr Hausverstand am Werk als Programme und demagogisches Pathos. Friedlichkeit- Schiedlichkeit sind keine Fremdwörter hierzulande. so hat die Modernisierung ohne große Hektik, ohne gefährliches Herzflimmern ihren Weg nehmen können, so könnten auch Unikat und Eigenwuchs zum Beispiel für das Ganze werden, und das Ganze führe dabei nicht schlecht.

Käthe Recheis
MEIN DORF

Ich wurde in Oberösterreich geboren und in Oberösterreich ist auch das Dorf, in dem ich aufgewachsen bin, jener Fleck auf der Erde, der mir am meisten vertraut ist.
In meiner Kindheit war Hörsching noch ein Bauerndorf, denke ich daran zurück, sehe ich alles ganz genau vor mir. Die großen Vierkanthöfe, die kleinen Bauernhäuser an der Traun. Der Dorfbach, in dem Enten und Gänse schnatterten. Die alte, gewölbte Steinbrücke, die Kopfweide. Die weiten Felder, auf denen in der Sommerhitze das Korn reifte. Baden im Mühlbach und in der Traun, wo wir achtgeben mußten, nicht in einen Wirbel zu geraten. Die überfluteten Auen. Im Herbst die Kühe auf den Wiesen. Die großen Scheunen voll Heu und voll Stroh, in denen wir spielten. Ich denke an all die Abenteuer, die ich mit meinen Geschwistern und meinen Freunden aus dem Dorf erlebte.
Nostalgie? Vielleicht. Denn es gab Armut, eine für uns jetzt nicht mehr vorstellbare, es gab soziale Ungerechtigkeit - all das gab es und ist mir damals als Kind schon bewußt gewesen. Trotzdem, es war m e i n Dorf!
Hörsching hat sich gewandelt. Aus der Heide, in der einst im Frühjahr die Kuhschellen blühten, ist Industriegelände geworden. Die alte Steinbrücke mußte einer Autobrücke weichen. Der Bach ist reguliert, die Kopfweiden sind umgeschnitten. Von der Au ist durch das Traunkraftwerk nur noch ein kläglicher Rest vorhanden, die Traun ist kein wilder Fluß mehr, ist einbetoniert und gezähmt worden. Das einstige Bauerndorf hat sein Gesicht verloren, gleicht so vielen anderen Döfern, die zersiedelt und verbaut sind.
Aber noch immer ist es m e i n Dorf, jener Fleck auf der Erde, der mir vertraut ist.

Peter Oberndorfer
EIN MUSTERLAND

„Ubi bene, ibi patria", formulierte einst mit einem berühmt gewordenen Satz Cicero. Und man findet als gebürtiger und gelernter Oberösterreicher genug, was des patriotischen Wohlfühlens wert ist im Lande Oberösterreich: Die Mitmenschen, die einem mit offenherziger Geradlinigkeit begegnen, ohne aufdringlich zu sein, die, arbeitsam und fleißig, gleichwohl auf das Feiern nicht vergessen, die Landschaft, die in großer Vielfalt von städtischen Regionen über fruchtbare Äcker bis zum - mir besonders ans Herz gewachsenen - Salzkammergut reicht mit seinen mittleren Bergeshöhen und dem temperierten Klima, das irgendwie ein Abbild für den Geist im Lande ist; eine mittelständische Wirtschaft und eine Industrie, die dieses Land mit besonderem Wohlstand ausstatteten, mit - relativ - niedriger Arbeitslosenrate und zahlreichen, gerade im - gesamtwirtschaftlich - so wichtigen Export erfolgreichen Unternehmungen; die Kunstszene, die auf einer reichen Kunsttradition aufruhend, die Herausforderungen der Gegenwart in Musik, Literatur, bildender und Baukunst regsam und in produktiver Auseinandersetzung aufgreift.

Gleichwohl ist es für die Landesverbundenheit eines Menschen, der stolz ist, Oberösterreicher zu sein, zu wenig, nur Umstände zu bezeichnen, die sein Wohlfühlen („ubi bene ...") begründen. Mehr könnte da vielleicht aussagen, was jemand kraft seiner ständigen beruflichen Tätigkeit mit dem Thema „Oberösterreich" verbindet. Wenn dieses sozusagen professionelle Wissen und die gleichsam tiefgründigere Erfahrung der Verfassung und Verwaltung gewidmet sind, dann müssen in aller gebotenen Kürze das politische, von der Verfassung eingerahmte Zustandsbild, sowie das

Verwaltungsgeschehen in Oberösterreich hier Themen sein, die vielleicht in den anderen Beiträgen des vorliegenden Buches ein wenig zu kurz kommen.

Die von der Landesverfassung als Rahmenordnung präsidierte Landespolitik zeichnet sich von jeher durch Konstanz und Ausgewogenheit aus. Diese für Oberösterreich kennzeichnende und so wichtige politische Stabilität besteht in zweifacher Weise: Zum Einen hat sich Oberösterreich im Rahmen der Bundesstaatlichkeit von Anfang an zwar als treuer Anwalt und insofern als „Kernland" des Gesamtstaates, also der Republik Österreich, verstanden, gleichwohl stets mit Nachdruck auf seiner Eigenständigkeit gegenüber Wien beharrt. Obwohl wesentlicher Mitträger bei der Konstituierung der Republik Österreich im Jahr 1918, vertrat schon der seinerzeitige Landeshauptmann Hauser das Motto „Oberösterreich den Oberösterreichern" gegenüber dem Zentralstaat. Zum Anderen ist die Kontinuität in der politischen Führung unseres Landes ebenso wie die breite politische Basis der Landesregierung ein wesentliches, von den Bürgern im Land geschätztes Merkmal eines ausgewogenen politischen Klimas. Auch die Diskussion um die Beseitigung des kraft Landesverfassung geltenden Proporzes bei der Wahl der Landesregierung zugunsten ihrer Mehrheitswahl, für die einiges spricht, hat daran nichts geändert.

Schließlich bildet Oberösterreich für den Verwaltungskenner und -forscher geradezu ein Musterland bürgernaher und effizienter Verwaltung. Das beginnt mit dem Selbstverständnis der Landesverwaltung, die sich als kunden-, ziel- und ergebnisorientiertes Dienstleistungsunternehmen versteht. In der keineswegs selbstverständlichen verwaltungseigenen Aufgabenkritik, in der es um die Preisgabe überholter Verwaltungsaufgaben und um die möglichste Vereinfachung weiterbestehender Verwaltungsaufgaben geht, wurde dank einer konzertierten Aktion einer Deregulierungskommission beim Amt, eines Rechtsbereinigungsausschusses des OÖ Landtages sowie einer Projektgruppe des Landes mit der Universität Linz zur Deregulierung des Landesrechts viel erreicht. Als (Mit-)Herausgeber einer Sammlung des Oberösterreichischen Landesrechts fällt mir die umfangmäßige Reduzierung des Rechtsmaterials ebenso wie die Verbesserung der Normqualität deutlich auf. Dazu traten in den letzten Jahren im Bereich des Personals eine Reduktion des Dienstpostenplans um cirka 10 Prozent, die Objektivierung der Personalauswahl sowie eine ständige Weiterbildung und Personalentwicklung, die eine leistungsfähige und gleichwohl sparsame Verwaltung bewirkten. Dem dienten auch Modernisierungen im Bereich des Sachaufwandes, wie sie sich in der Anschaffung und Organisation elektronischer Informations- und Kommunikationssysteme niederschlugen. Vereinfachung der Verfahrensabläufe, wie etwa die faktische Verschmelzung baurechtlicher mit gewerberechtlichen Bewilligungsverfahren sowie sonstige Verkürzungen und Vereinfachungen von Verwaltungsverfahren, bei denen – Untersuchungen zufolge – Oberösterreich gemeinsam mit Salzburg in Österreich an der Spitze liegt. Die Oberösterreichische Landesverwaltung begnügt sich aber nicht mit dem Erreichten: Als manifestes Projekt für die Zukunft soll nur die Verbesserung der Arbeitsbedingungen für die Mitarbeiter der Verwaltung durch Beseitigung der Aufsplitterung der Dienststellen des Amtes der Landesregierung auf ca. 50 Gebäude in Linz erwähnt werden. Geplant ist die Konzentration auf ein neues Bürogebäude neben dem Bahnhof, das zusätzlich zum Landhaus die meisten Mitarbeiter der Oberösterreichischen Landesverwaltung in Linz aufnehmen wird. Insgesamt zeigt so die Oberösterreichische Landesverwaltung für den fachkundigen Beobachter ein ungemein erfreuliches Bild, das für das Wohlfühlen des Bürgers im Lande große Bedeutung besitzt, mag dieses dem

„Normalverbraucher" auch nicht immer zu Bewußtsein kommen. Wenn manchmal behauptet wird, daß das Landesbewußtsein des Oberösterreichers, verglichen mit dem anderer österreichischer Länder, nicht allzu kräftig ausgebildet ist, so drückt sich darin eine gewisse Zurückhaltung des Oberösterreichers bei der Bewertung ihm nahestehender Personen und Umstände aus. Es gilt, was Anton von Spaun schon im Jahre 1847 schrieb: „Der Oberösterreicher liebt sein Vaterland über alles und bringt ihm wirklich alle Opfer, es liegt aber weniger in seiner Natur seinen Gefühlen durch Wort, Schrift und Schaustellung einen Ausdruck zu verschaffen, der ihm Anerkennung und Achtung erringt. ..."

Alois Brandstetter

MEIN OBERÖSTERREICH

Am 13. Dezember 1995 hielt ich auf Einladung der Präsidentin des Oberösterreichischen Landtags Frau Angela Orthner bei einer Gedenkensitzung aus Anlaß der 50. Wiederkehr der ersten Sitzung des Landtages nach dem 2. Weltkrieg die Festrede. Man suchte und fand in mir einen der vielleicht nicht so häufigen heimatverbundenen, heimatliebenden und zugleich heimatkundigen Literaten, der für diese Aufgabe geeignet sein könnte. Ich kenne einige oberösterreichische Kollegen, die dafür nicht in Frage kämen und es sind bedeutende Schriftsteller darunter. Namen kann ich mir sparen. Es ist ja nun wirklich eine Gratwanderung zwischen Menschenfreundlichkeit und Versöhnlichkeit auf der einen Seite und schonungsloser Offenheit auf der anderen Seite. Wie loben ohne zu lügen! Wenn man nicht überhaupt wie jener strenge Ohlsdorfer den Standpunkt vertritt: Es gibt nichts zu loben! Und mancher würde das Land vielleicht gerne loben und lieben, wenn da nicht die Landsleute wären, oder einige besondere Exemplare. In einem Lied heißt es: Oberösterreich, i han di gern, und i loß ma's a nit wehrn.... Viele Intellektuelle freilich lassen es sich wehren. Wegen einiger „Versager" versagen sie sich Heimatliebe. Das Nest ist ihnen zu schmutzig. Ist man unversöhnlich und kompromißlos, so kommt man freilich, von welcher Seite man sich auch nähert, auf keinen grünen Zweig, um im ornithologischen Wortschatz zu bleiben. Und so sind eben viele ihrem Heimatland nicht grün....
Alle Landsleute mit meiner Rede zufriedenzustellen, ist freilich nicht einmal mir, einem äußerst harmoniesüchtigen Menschen, gelungen. Zwar steht im Protokoll jener Festsitzung, es habe nach der Ansprache allgemeinen „Beifall im ganzen Haus" gegeben, doch scheint dies nicht ganz zutreffend. Ein Theologe und

Historiker, ein durch viele Publikationen gerade auch zum Widerstand in Oberösterreich ausgewiesener Wissenschaftler, den ich in meinen Schreibarbeiten schon manchmal zitierte, hat mir später erzählt, daß er, bei jener Versammlung anwesend, genau gesehen habe, daß der Applaus einer bestimmten Seite demonstrativ ausgeblieben sei, „allgemein" sei er also keineswegs gewesen. Und mein Gewährsmann wußte wie ich, woran es gelegen war. Ich hatte zu viel und zu ehrfürchtig von Franz Jägerstätter gesprochen. Auch hatte ich gesagt, daß ich gern nur von den prächtigen Vierkanthöfen und dem in meinen Augen bedeutendsten oberösterreichischen und Österreichs Symphoniker Anton Bruckner „künden" möchte, daß aber nun einmal Ansfelden nicht weit von Mauthausen und Hartheim entfernt liege. Ich will mich nicht loben und es liegt mir auch weniger am allgemeinen Applaus als es hier oder überhaupt scheint. Doch guten Gewissens kann ich diesmal sagen, daß ich aus meinem Herzen keine Mördergrube und klar gemacht habe, was ich meine. Das möchte ich einem Kollegen gesagt haben, der in einer deutschen Zeitung schrieb, zur Nazizeit sei mir weiter nichts eigefallen als das Lippenbärtchen meines Vaters. Damals habe ich mir doch mehr einfallen lassen....

Ein anderer Gewährsmann, ein ebenso glaubwürdiger Zeuge wie jener Theologe und Historiker, mein Bruder nämlich, hat mir erzählt, daß der Wortführer jener Gruppe, die mir den Beifall versagte, beim Begräbnis eines Bürgermeisters in der Nachbargemeinde Krenglbach, den verstorbenen Amtsträger in den höchsten Tönen gelobt hat. De mortuis nihil nisi bene. So weit so gut. Doch habe sich der Trauerreder dann zu der Behauptung verstiegen, der Heimgegangene sei sein Lebtag seiner Gesinnung treu geblieben und habe für sie sogar Verfolgung und Kerker auf sich genommen. Der Kerker aber, von dem da die Rede war, befand sich in Glasenbach. Es war dies die Rede, die Widerspruch verdient hätte, auch am Grab, ja gerade am Grab. Die

Toten können sich nicht wehren. Einige um den Verstorbenen Trauernde fühlten sich aber regelrecht erpreßt und zum Schweigen verdammt. Alle nämlich machten gute Miene zum bösen Trauerspiel. Wir Oberösterreicher sollten uns überhaupt nicht als Überösterreicher aufspielen. (Und von Oberdonau wollen wir endgültig schweigen!) Das Beste, was wir bei einer Gelegenheit wie dieser sagen können, sagt uns die Kirche: Wolltest der Sünden Du gedenken, o Gott, wer könnte da bestehen...

Denn von der Donau bis zum Inn, da herrscht a gmüatlich froher Sinn. Ja, es gibt ihn tatsächlich, trotz allem oder trotz manchem, unschuldig und arglos, so sicher und verläßlich wie es in den vier Vierteln Vieh und Troad und Schmoeds und Gjoad und Soeds und Flachs gibt...

Am oberösterreichischsten heimelt mich immer noch die dort gesprochene „mittelbairische" Mundart an, über die ich an der Universität Wien dissertiert habe. Genaugenommen war die Mundart von Pichl bei Wels mein Thema. Gern habe ich darum in den vergangenen Jahren die Interviews eines Waldzeller Bauernsohnes und Skispringers gehört, was aber gar nicht an meinem Interesse am Sport lag. Aber ein wenig hörte ich, wenn ich dem Jüngling aus Waldzell zuhörte, sogar meinen längst verstorbenen Vater, einen geborenen Tumeltshamer, obwohl er natürlich nie vom K-Punkt und Punkterichtern, sondern von Getreide und Mehl gesprochen hatte. Vom Wetter, das in der Landwirtschaft und beim Skifliegen eine Rolle spielt, sprachen wieder beide. Unterschiedlich, aber in ihrer Eigenart etwas Besonderes sind die oberösterreichischen Mundarten, wie die Landesviertel selbst. Und es ist eine wirklich sympathische Einmaligkeit, daß sich dieses Bundesland als einziges in Österreich eine Landeshymne in Mundart gegeben hat. Da können die anderen nicht mitsingen, sondern nur zuhören. Höre Österreich!

Christian Loidl
GROSSE WELT

Den Dialekt meiner Urgroßmutter und meiner Großeltern im Ohr, schnitze ich, aus erinnerten Resten, meine Zaubersprüche, vokale Ahnen-Masken. Fälschungen in gewissem Sinn, aber sie wirken.
Am Laut hängt die Landschaft: Nadelholzduft im Sommer, Krähengeschrei, Geruch nach Holzrauch; Uferweiden und Steine, das Brausen von Bach und Fluß ein Abenteuer, das ununterbrochen anfängt. Für meine Eltern waren es Ferien im Salzkammergut, für mich GROSSE Welt.
In Linz war ich dann lange nicht sicher, ob, was in der Morgenluft lag, Flußrauschen war, oder, wie ich jetzt weiß, Stadtverkehr aus der Entfernung.
Märchen- und Sagenbücher, Zeichnungen, erste Traumnotizen: als Kind wollte ich, daß die Welt so ist, wie ich sie heute sehe: nicht ohne Zauber.

VOR DEM BAUERNHAUS
sitzt eine alte Frau

ich grüße:
„schöner tag!"
                „ich kann sie nicht verstehen"
„ein schöner tag!"
                „ich kann sie nicht verstehen"
ich zeige auf die sonne
                „ein schöner tag"
sagt sie
                „und still"

DEN WINDSTILLEN HÜGEL
den wald
anzuschaun

hundert jahre

vielleicht
sage ich dann

er ist grün
oder blau

ALTES LICHT AUF DEN ZIEGLEN

öffnet der scharlachpilz
einen tieferen weg
als von hügel zu hügel?

schnarrende schnäbel im kahlschlag.

der baum wirft sein licht übers dach.

JÜNGLING

die eßbarkeit der äpfel ist
der schatten ihres dufts

das haus ein schatten der stern-
bilder im aufblick

über das dach, die bäume,
den duftenden korn im arm

Hans Dieter Mairinger

DAS, WAS UNS LEBEN LÄSST

Ich stehe auf, geh zum Fenster und seh im Garten den blühenden Marillenbaum.
Der Blick durchs Fenster ist der Blick auf meine kleine Welt. Im Blick die kleine Welt, im Kopf die große und im Herzen?
Ich öffne die Balkontüre, zwischen den Birkenblättern blinzelt die Morgensonne. Es ist noch kühl, aber ich mag diese Morgenkühle. Ich könnte nicht im Süden leben, wo einem schon die Morgensonne Schweiß auf der Stirn stehen lässt.
Ah, wie gut diese Morgenkühle.
Ich setz mich in die Sonne, genieße die Stille und bin Mensch. Mensch sein können, was will man mehr in einem Land, - erfüllter, glücklicher Mensch.
Die große Welt, gut und schön, aber mein Leben leb ich in der kleinen, wo immer ich bin. Und je mehr sich die große Welt aufdrängt, desto wichtiger wird für mich die kleine Welt. Weltbürger sein, heute da, morgen dort, - kein Kleingeist, kein Scheuklappenträger, - schön und gut, aber.... Trotz aller Offenheit, trotz aller Grenzenlosigkeit, der Mensch neben mir, das Stück Wiese dort, der Baum da, die Kirche, der Berg, - ich lebe in dieser Welt der Nähe, der Greifbarkeit, der Spürbarkeit. Und lebe ich nicht in dieser Welt der Nähe, dann lebe ich auch nicht in der Welt der Weite. Ein Nachbar geht vorbei, bleibt stehen, fragt wie's geht, wir plaudern, - stilles Einverständnis mit dieser unserer Welt. Meine Sprache, - unsere Sprache, das ist unsere Gemeinsamkeit, - das ist unsere Welt.
Meine Sprache, das bin ich, - so und nicht anders. Mit Farben, mit Eigenheiten, mit dem mir eigenen Tonfall, - Muttersprache, gewachsen durch die Jahrhunderte zu dem, was sie heute ist. In meiner Sprache lebe ich, denke ich, handle ich, - in meiner

Sprache bin ich daheim. Es ist die Kultur, die Art und Weise wie man sein Leben lebt, wie wir unser Leben leben, die Heimat gibt. Eßkultur, Wohnkultur, Sprachkultur, Denkkultur,....
Zwischen Stelze und Eisbein liegen Welten. Auch Schlagobers und Sahne sind nicht dasselbe. Erst der Unterschied macht den Reiz des Eigenen und des Fremden aus.
In Spanien möchte ich eine Paella und nicht ein Wiener Schnitzel. In Italien möchte ich Spaghetti und nicht Schweinsbraten. Und in Österreich ziehe ich Hascheeknödeln einer Frühlingsrolle vor. Ist das Engstirnigkeit? Ist das Provinzialismus? Ist das Kirchturmpolitik? Oder ist das Heimat, so belastet und unmodern dieser Begriff auch sein mag. Vielleicht ist Regionalismus moderner, auch wenn er dasselbe meint. In der Region bin ich daheim, aber in der großen Welt...?

Wer die Region nicht schätzt, kann der die große Welt schätzen? Trotz aller Mobilität und Weltbezogenheit, wir brauchen den Ort, wohin wir heimkommen können, sonst sind wir heimatlos. Glücklich der, er eine Heimat hat,- eine Heimat aus Bäumen, Wegen, Häusern und Menschen.
Aber auch eine Heimat, die aus Stifter, aus Bruckner, aus Stelzhamer und aus Kubin besteht.
Heimat hat eine Geschichte, die in das Jetzt mündet.
Daher ist meine Heimat auch Brandstetter, Dallinger, Sulzer und Kubovsky beispielsweise. Die Kultur von heute wurzelt in der Kultur von gestern. Beide sind unser geistiges Leben, das sich bündelt in einem Lebensgefühl, in einer Kultur, die wir sind, aus der wir das schöpfen, was uns leben lässt.
Kaiserschmarrn mit Zwetschkenröster, ist das nicht ein Gedicht! Was gäbe so mancher Österreicher in Amerika für diese Speise! Die Heimat Oberösterreich ist nicht die Welt, aber was ist die Welt ohne diese Heimat?

Ich liege im Schatten meines Zwetschkenbaumes und träume. Die Stille rundherum tut mir gut. Ich lese Brandstetter und spüre, da bin ich daheim.
Es sind Menschen, es sind die kleinen Dinge, die Landschaften, die ein Netz bilden, - ein unsichtbares Netz, das uns Halt gibt und trägt, - und das wir tragen.
Die einen nennen es Kultur, die anderen Region, wieder andere Heimat. Alle meinen dasselbe. Es ist das, was uns leben lässt.

Leo Strasser
OLYMPISCHE HÖHENFLÜGE

„Ein Länderspiel kann nur in Wien ausgetragen werden." Der Sportredakteur der „Arbeiterzeitung" sagte, was damals alle dachten. Dabei hatte ich bei dieser Fernsehsendung nur gefragt, ob solch ein Match nicht auch einmal in der Provinz stattfinden konnte. Keinen Scherz wollt ich mir machen. Akkurat war dann 1968 in Linz Österreich - Rumänien (1:1) der erste Länderkampf außerhalb der Hauptstadt. Wien regierte.

Effizientes für den Sport zu tun, das Begehr der Journalisten, war nicht immer mit polemischer Aggressivität zu erreichen. Als ich im Gespräch mit dem Wiener Schiedsrichterpapst Fritz Seipelt mutmaßte, daß er einen profilierten Mann aus der Hauptstadt zu seinem Nachfolger machen werde (und nicht den Waldzeller FIFA-Referee Ferdinand Marschall), überraschte er wenig später doch mit dem Oberösterreicher.

Es mußte ja nicht immer Wien sein. Auch nicht Tirol, das im Skiverband mit zwei Oberösterreichern bestückt wurde, zuerst mit Klaus Leistner als Generalsekretär und zuletzt mit Hans Pum als Alpinchef.

Im Lande selbst spielt auch Repräsentatives und Sportgerechtes seine Rolle, in Linz die kommende Sporthalle für alle, schon immer das Stadion, ein Puzzle, mit einem Dach über alle Zuschauer, mit einem Restaurant, mit einem Leichtathletikhaus und acht Rundbahnen. Sonst gäbe es kein Gugl-Meeting.
Auch den Sport zu verkaufen, hatte der Journalist zu helfen:
Die Sportlerwahl wird zur Volkswahl. Josef Ratzenböck: „So viele Stimmen möchte ich auch einmal bekommen."

Die „Gala-Nacht des Worts" avanciert zum sportgesellschaftlichen Ereignis, viel imitiert, in Wien (als „Nacht des Sports"), in Salzburg, in Klagenfurt, in Innsbruck. Linz blieb übrig. Josef Pühringer: „Die Gala ist zu einer Institution geworden."
Bei einer Ehrung der „Sportler des Jahres" lieferte der Landeshauptmann, der zum Glück des Sports Landessportreferent blieb, ein rhetorisches Meisterstück, als er verkündete, daß das Sportbudget genau so wie das Kulturbudget um gleich 9 Prozent erhöht werde. Von wie viel Geld er da jeweils ausging, ging im tosenden Applaus unter. Es war kein Thema.
Am 4. Februar 2000 ging der Gala-Nacht ein Gala-Tag im ORF-Studio voraus: die Kür der Jahrhundert-Oberösterreicher, darunter zwei aus der Welt des Sports, die das Oberösterreichbewußtsein im ganzen Land gestärkt haben. Aus Dutzenden Geschichten, die ich mit ihnen, mit Sissy Max-Theurer und Josef Fischer, erlebte, picke ich zwei der verrücktesten heraus.

Lake Placid, USA, 1980. Olympische Winterspiele.
Josef Fischer ließ sich beim Mittagsplauscherl tragen, kein Streß, keine Hektik. Es war so gemütlich. So oberösterreichisch. Als aber plötzlich Skisprungexperten seiner Firma in den Speisesaal platzten und auf ihn einredeten, brach eine laute Stille aus. „Wir müssen Toni Innauer auf den viel schnelleren Latten vom Kneissl springen lassen", verlangten sie. Sonst sei Innauer out.

Ein Fischermann mit dem Ski des Rivalen? „Waas?" Langsam schob der Skifabrikant das Besteck zur Seite. Waas? Der Gemütsmensch wurde zu dem, der er auch ist, zum Powerman. Das Machtwort des Innviertlers: „Der Innauer springt auf Fischer." Schluß, basta. Und Pfüat euch. Auf dem Heimflug erfuhr Fischer, dass er die Angel wieder einmal goldrichtig ausgeworfen hatte: Der neue Olympiasieger hieß Innauer. Auf Fischer.
PS: „Selbst wenn er in den Schmutz greift, hat er Gold in den

Händen", behauptete sein Freund, der Linzer Skipräsident Franz Schöny. Der Casino-Löwe bestreitet das gar nicht. Ein Fischer gewinnt immer. Lachend erinnert Oberösterreichs „Happy Pepi" an seinen Herrn Papa: „Wenn der alte Fischer in Ried in ein Wirtshaus gegangen ist, sind die Kartenspieler nach der Reih aufgestanden und haben das Lokal verlassen." Sie fürchteten um ihr letztes Gerschtl.

Moskau, 1980. Olympische Sommerspiele.
Im Linzer Landhof, ein Restaurant, das dem Geleisebau-Millionär Theurer gehört, stellt die Frau des Hauses ihr Töchterchen vor. „Es wäre billiger gewesen, wenn die Sissy ihrer ersten Leidenschaft, dem Tanzen, gefrönt hätte", scherzt der Papa schon ein Jahr später. Doch sie ließ tanzen. Von ihrem Trainer Hans Max in den Sattel gehoben, mußte sie freilich ihr Glück schon selbst zügeln. Wir schreiben das Jahr 1979, und Sissy Theurer, das freundliche Wesen, reitet der Teufel. „Ich fahr zur Europameisterschaft", verkündet sie. Der Ausritt zu den Weltbesten des Dressurreitens kommt ihr selbst höchst gewagt vor. Chancen? „Keine."
Wenige Tage später ist das Mädchen vom Landhof Europameisterin. Und „Sportlerin des Jahres". Ein Jahr darauf sogar Olympiasiegerin. Und Sissy Max-Theurer. Und zweifache Mutter, die der Tochter sogar den beziehungsvollen Namen „Viktoria" gibt.

Heute reitet Max-Theurer II. auf Mamas Spuren. Erst 14 Jahre, wird sie 1999 zweifache Europameisterin der Junioren.
Gestern, 1980 war's, als ich Sissy und Hans bei einem Pressesportfest im Wiener Praterstadion frage, ob sie denn wirklich nicht nach Moskau führen. Achselzuckend verweisen sie auf die beschlossene Verbandsache: „Österreich schickt keine Reiter zu den boykottierten Spielen." Der Internationale Verband will's so. Aus und vorbei, leider. Eine halbe Stunde später gibt das

Olympische Komitee der Presse im VIP-Raum des Stadions seine Auswahl bekannt. Ohne Sissy Theurer.
„Wieso gehorcht das ÖOC dem Reitverband?" werde ich vorlaut. „Sie will starten." ÖOC-Präsident Kurt Heller wechselt mit seinem Generalsekretär Peter Pilsl einen fragenden Blick. „Das ist uns neu." Kurzum: Sie wird später nachnominiert. Da Österreich im Sommer nichts zu verschenken hat, wäre das ganz gewiß auch ohne dieses Zwischenspiel im Prater geschehen. Hugo Simon und die anderen Reiter bleiben dagegen daheim. Befehl ist Befehl.

In Moskau bewirft der Wiener „Presse"-Redakteur unsere Amazone mit Roßknödeln aus der politischen Truhe. In Wien tritt der österreichische Reiterpräsident zurück. Breschnjew, Carter, Afghanistan? Österreich ist sich selbst am nächsten. Sissy Theurer gewinnt unsere einzige Goldmedaille. Mit Hans und Roß und Wagen hat sie den „Feind" geschlagen. Im übrigen: Boykotte schadeten dem Sport noch immer.

„Flieg mit uns heim", luden mich Hans und Sissy ein, eine Exklusivität, die ich auskosten konnte und ein Abenteuer, das an Pferdestärken absolut nicht zu übertreffen war: Niki Lauda hatte das „schwere Problem" leicht, elegant gelöst. Er entledigte seine Fokka ihrer 44 Sitze und ließ das mächtige Goldpferd gleich hinter dem Cockpit mit vielen Gurten festzurren. Noch über Moskau staubte er uns von „Mon Cherie" zurück auf die übriggebliebenen Plätze („sonst kriegen wir ein Übergewicht!"), drei Crewmitglieder, die Pferdepflegerin, den Tierarzt, übrigens der Bürgermeister von Sattledt, und den Journalisten. Wir feierten, wir genossen:
Den Ritt auf den Wolken (unter Laudas Peitsche).
Das Gold um den Hals der „Sissy von Österreich" (wie sie eine Moskauer Zeitung besungen hatte).
Das Bad im Sekt (auch wenn er, was machte es, bis Hörsching

schon warm und schal wurde).
Den Flug in den Olymp, der Oberösterreich hieß.

PS: Kaum war „Mon Cherie" ausgeladen, ging's in einem Schwertberger Kleinflugzeug auch schon zurück nach Schwechat, wo unsere Olympiasiegerin durch ein Hintertürl in einen Jumbo schlüpfte. Der Flieger war eben mit unserer Mannschaft aus Moskau gekommen. Im Blitzlichtgewitter der Kameras stieg sie vorn wieder heraus.

Oberösterreich hatte Österreich herausgerissen.

Hans Pum

„DAHOAM IS DAHOAM, WANNST NET FORT MUASST, SO BLEIB, ..."

„Dahoam is dahoam, wannst net fort muaßt, so bleib, ..." Es sind die ersten beiden Verse der letzten Strophe unserer Landeshymne, die mir immer dann einfallen, wenn ich nach einer langen Reise durch die hügelige Landschaft des Mühlviertels nach Hause nach St. Oswald fahre. Einer meiner ersten Wege führt mich dann meist zur kleinen Kapelle St. Michael oberhalb von St. Oswald, wo ich Zeit und Ruhe habe mir über alles so meine Gedanken zu machen. Es ist wie ein Kraftfeld, das mir Richtung und Ziel weist und ich bin, so glaube ich, noch nie schlecht damit gefahren.

Es ist aber auch die Zeit, in der ich mir Gedanken über mein Heimatland mache. Und ich komme immer zu einem Ergebnis: auch wenn ich in den vergangenen 25 Jahren auf allen Kontinenten unterwegs war und wunderschöne Zeiten verlebt habe - mein Oberösterreich ist unverwechselbar, einzigartig und ich würde nirgendwo lieber leben als hier.

Zum einen sind es die Menschen, speziell auch im Mühlviertel, die mit ihrer offenen und herzlichen Art das Gefühl einer großen Familie vermitteln. Man kann sich auf jeden einzelnen mehr verlassen als irgendwo anders in der Welt.

Zum anderen ist es die Landschaft. Das sanft anmutende Hügelland des Mühlviertels verliert auch durch das manchmal rauhe Klima des Nord-Windes nie an Liebreiz und vermittelt häufig das Gefühl von Geborgenheit. Die jahreszeitenbedingte Farbenpracht des Mischwaldes ist mehr als nur ein optischer Genuß, sondern ein Ausdruck der Ehrlichkeit von Frühling, Sommer, Herbst und Winter.

Man muß nicht immer zu Hause sein, damit man auch daheim ist. Egal, wo mein Beruf mich auch hinführt, ich trage immer ein Stück Oberösterreich bei mir. Es ist in meinem Herzen. So bleibt meine Einstellung auch gegenüber allen anderen Menschen nicht im Verborgenen.

Wieder zurück zu „meiner" Kapelle St. Michael. Wenn ich dann so über's Mühlviertel schaue, dann denke ich mir, daß dieser Teil von Österreich noch ein wirklicher touristischer Rohdiamant ist. Würde ich nicht hier leben, dann wäre es sicher mein liebstes Urlaubsziel. Aber was sage ich: hier zu leben ist wahrscheinlich ein lebenslanger Urlaub.

Wir dürfen aber nicht den Fehler machen, daß wir das Rad der Zeit anhalten, sondern müssen uns den Herausforderungen des neuen Jahrtausends stellen. Gestattet bleibt aber der Blick zurück, denn der ist in Oberösterreich stets auch ein Blick in die Zukunft. Und die Gegenwart bleibt dem uneingeschränkten Genuß des Lebens vorbehalten.

Gäbe es auch etwas Negatives zu sagen, so hätte ich es sicher getan, denn ich habe mich Zeit meines Lebens nicht vor der Wahrheit gescheut. Doch mir fällt beim besten Willen nichts ein. Und unbedingt Fehler zu suchen ist eine Schwäche, die Menschen daran hindert Gutes nur noch besser zu machen.

Es ist heute nicht mehr so selbstverständlich, daß man stolz auf seine Herkunft sein kann. Ich bin es und freue mich, wenn ich irgendwo auf der Welt Oberösterreicher treffe, die genauso stolz auf ihre Heimat sind wie ich.

Christian Buchschachermaier

LAND DER STILLEN SEEN

Oberösterreich, das ist das kalte Land meiner Kindheit, voll Armut und Eis und Schnee und der Herzenswärme meiner Mutter. Das Salzkammergut. Es ist das Land der stillen Seen, von deren spiegelglatten, dunklen Oberflächen im Herbst sich Nebelfetzen lösen, das Land der Berge und der hallenden Schluchten. Hier klettert man über senkrechte Felsen, um jauchzend Gipfel zu erstürmen, schreibt über den Zauber der Gebirgslandschaften und vergißt dabei die abgestürzten Toten. Aber in den Ebenen des Nordwestens, im Innviertel, wo in manchem Jahr die Winterstürme ganze Wälder brechen, klettert niemand. Hier gibt es keine Berge und man schreibt über die Schatten der Maulwurfshügel. Und hier wie dort leben die Bettler und die Kinderschänder, die Aktienspekulanten und die alleingelassenen Alten, die ihre Sparbücher hüten. Wenigstens das ist ihnen noch geblieben: der zufriedene Blick auf eine Zahlenreihe. Denn die Kinder sind schon lange fort. Aber wo sind sie? Sie brüten irgendwo in den Großstädten über Zeitschriften und Magazinen, die vollgestopft sind mit jenem ekelhaften, klebrigen Zeitgeist, der einem wie übler Jauchedunst entgegenschlägt. Oder sie sitzen am Nachmittag in einer der vielen idiotischen Talkshows, um sich von einer sehr professionellen Fernsehhure verarschen zu lassen und sich vor einem Millionenpublikum unsterblich zu blamieren. Aber das nehmen sie nicht einmal wahr.

Oder sie sitzen in Fußballarenen, mit entblößten Oberkörpern zum Zeichen der Kraft und der Herrlichkeit und grölen sich die Kehlen wund. Und auf dem Weg zu den Bussen oder nach Hause erschlagen sie vielleicht rasch noch einen, der aussieht, als käme er aus dem Süden. Aber das ist nicht ganz sicher. „Ja, ja, so sind die Menschen hier", hörte ich kürzlich am Bahnsteig einen

Touristen sagen, der beinahe ehrfürchtig einem alten Mann zusah, der auf unappetitlichste Weise versuchte, in seinem zahnlosen Mund ein Stück Speck zu zerkleinern, wobei er sein schäbiges Hemd von oben bis unten bekleckerte. Ich wandte mich an den Touristen und sagte: „Sehen Sie, da drüben der sonnenbeglänzte Wald und noch weiter drüben die Wiese, wo eine Kuh eben den Schwanz hebt und pisst? Das ist mein Oberösterreich."

Friedrich Ch. Zauner

EHRENBÜRGER

Als ich vor ein paar Jahren meine Romantetralogie „Das Ende der Ewigkeit" abgeschlossen hatte, und die Bücher schon recht erfolgreich geworden waren, wurde ich von einem Reporter gefragt: „Herr Zauner, sind Sie jetzt unter die Heimatschriftsteller gegangen?" Es klang unüberhörbar dabei ein ironischer leicht überheblicher Ton in seiner Stimme mit.
Meine Antwort war einfach, wahrscheinlich ist sie für den Journalisten ein wenig enttäuschend ausgefallen: Ich habe als Zehnjähriger, während andere Buben Fußball spielen oder fischen gegangen sind, angefangen, kleine Geschichten zu schreiben. Von hoher Literatur hatte ich zu der Zeit natürlich noch nicht die Spur einer Ahnung, aber ich habe - quasi mit der Muttermilch - die Fähigkeit der Innviertler zu erzählen, zu fabulieren, zu dichten in mich eingesogen gehabt. Alles, was ich je in meinem Leben geschrieben habe, geht auf diese Wurzeln aus meiner Kindheit zurück. In den meisten meiner Bücher, in den meisten meiner Theaterstücke findet sich kein Bezug zu meiner direkten Umgebung, von meiner Heimat und von den Menschen darin erzählen sie alle. Mein Beruf führt mich oft auch in fremde Länder. Im vergangenen Jahr wurde ich zum Beispiel zu einem Symposium in die Vereinigten Staaten und - als einziger deutschsprachiger Autor übrigens - zum „International Theatre Festival" nach Dublin in Irland eingeladen. Überall, wohin man kommt, besitzt dieses unser Österreich eine ausgezeichnete Reputation. Wir sind zwar ein kleines, aber recht angesehenes Ländchen im Zentrum von Europa, und wir sind es vor allem deswegen, weil wir uns immer noch viel von unserer speziellen Eigenart erhalten haben. Einen besonders wichtigen Anteil daran stellt ohne Zweifel die österreichische Kultur dar. Zu Recht sind wir stolz auf

Bruckner, Stifter, Kubin, sie sind ein Teil der Weltkunst, wohl gemerkt der Welt- nicht der Allerweltskunst!
Denn sie haben ihre Eigenart und damit auch ein Stück ihrer Heimat in ihre Arbeit einfließen lassen und damit überall auf der Welt hörbar, lesbar, sehbar werden lassen.
Das Jahr 2000 wird viele neue Aufgaben und Anforderungen für uns alle bringen. Die Globalisierung wird weiter voranschreiten. Umso wichtiger erscheint es mir, insbesondere für die kleineren Staaten, damit sie nicht im Strudel einer internationalen Einheitsbrühe untergehen, sich zuzutrauen, selbstbewußt den eigenen Ton zum überregionalen Konzert beizutragen. Heimat ist ja nicht etwas, was man geschenkt bekommt wie einen Blumenstrauß zum Geburtstag, Heimat, das möchte ich allen Verantwortlichen dringend ins Stammbuch schreiben, ist in Wirklichkeit eine Aufgabe, eine Herausforderung, denn Heimat ist das, was wir daraus machen.
Für eine Karriere mag es von Vorteil sein, in Wien, in München oder in London zu leben, mich persönlich hat es nie gestört, dass ich kein Wiener, kein Münchner und kein Londoner bin. Ich war immer gern Innviertler, bin gern Rainbacher (selbst wenn meine Leser mich manchmal eher in der Nähe von Freistadt vermuten als bei Schärding), und mehr als auf manchen meiner literarischen Preise bin ich stolz darauf, daß die Rainbacher mich zu ihrem Ehrenbüger gemacht haben.

Hubert Leeb

WURZELN ZUR HEIMAT

Es gibt einen Baum auf unserer tropischen Dünenhalbinsel Porto do Mato in Brasilien, den die arme, notleidende Bevölkerung der Küstenregion (Nachkommen ehemaliger Negersklaven) ein „Geschenk des Himmels" nennen.
Es ist die Kokuspalme - einmal gepflanzt, liefert sie ohne besondere Pflege in etwa 5 Jahren rettende Hilfe im Kampf ums Überleben: Kalorienreiche Kokusmilch zum Trinken - Fruchtfleisch zur Nahrung - Schalenholz als Brennmaterial - Palmzweige zum Bau von Buschhütten.
Auf meine Frage, wie es möglich sei, dass dieser Baum trotz monatlicher Dürre diese lebensspendenden Funktionen leisten könne, gibt mir ein einfacher Landarbeiter zur Antwort: „Padre, die Kraft der Kokuspalme liegt im porösen Sandboden und in seinen weitverzweigten Wurzeln". Also auf den richtigen Boden und die verzweigten Wurzeln kommt es an, ob Leben sich fruchtbar entfalten kann. Was war der Boden, waren die Wurzeln in der Entwicklung meiner Persönlichkeit?
Da war zunächst mein Elternhaus im Zentrum meiner Heimatstadt Grieskirchen gelegen, förmlich im Schatten des Kreuzturms, an der Prechtlerstrasse 35. Hineingeboren in eine traditionelle, katholische Bürgerfamilie konnte mein Leben entscheidende Wurzeln fassen, die später meine Sendung zu den Menschen prägen sollten.
Es war das Geschenk einer sorgenden und behütenden Liebe. Es war das überzeugende Beispiel, dass christlicher Glaube nach dem Vorbild des hl. Martins (Kirchenpatron der Stadtpfarrkirche) sich in der tätigen Nächstenliebe zeigen muss.
Es war die Erziehung zur Achtung der Menschenwürde und sozialer Gerechtigkeit, die ich in der menschlichen Behandlung von

Kriegsgefangenen seitens meiner Eltern erfuhr.
Das Wesen meiner Eltern war stark geprägt von der bäuerlichen und bürgerlichen Tradition vom oberösterreichischen Menschen im „Landl". Sie verstanden, religiöse und politische Werte in einer Harmonie von Naturverbundenheit - Brauchtum - Musik und Lebensfreude zum Ausdruck zu bringen, wie ich es ebenfalls im kulturellen Leben meiner Heimatstadt verwirklicht sah.
Aber auch das politische und kirchliche Leben in Oberösterreich legte den Grund zu späteren mutigen Schritten. Unvergesslich für uns Jugendliche bleibt der Aufruf des damaligen Landeshauptmannes Dr. Gleissner an die am Hauptplatz in Linz versammelte katholische Jugend aus ganz Österreich! „Ihr habt die Folgen der Gottlosigkeit, des Grössenwahns, der Rassendiskriminierung.... erlebt.- Europa ist zerstört.... Lasst uns für ein freies Europa, ein neues, demokratisches, soziales und, nach christlichen Grundsätzen, ein friedliebendes Österreich aufbauen."
Dieses Manifest hat uns allen ein patriotisches Gefühl gegeben, Österreich über alles zu lieben und uns für die Erneuerung einer demokratischen Ordnung einzusetzen.
Und von kirchlicher Seite wehte uns auch ein frischer Wind entgegen. Die Kirche Österreichs hatte mit Kardinal König einen mutigen Vorkämpfer des Konzils und einen Anwalt für soziale Gerechtigkeit und Frieden in der politischen Landschaft. Er zeichnete uns Jugendlichen ein neues, weltoffenes, den Menschen zugewandtes Kirchen- und Priesterbild. Wiederum war es die engste Heimat, die Diözese Linz, die den Mut besass, schon vor dem Konzil in Fragen der Volksliturgie, im Aufbau von Laiengruppen und in der Förderung der Entwicklungshilfe neue Wege zu gehen. Der Boden einer lebendigen Welt- und Kirchenvision war bereitet, es bedurfte nur eines Anstoßes.
Diesen erhielt ich unerwartet bei meinem ersten freiwilligen Sozialeinsatz mit 15 Jahren in der damals armen Hafenpfarrei St.

Severin in Linz. Hier lernte ich den äußerst lebensfrohen und sozialengagierten Salesianer P. Teufel kennen. Dieses Priesterbild mit totalem Einsatz für die heimatlosen Flüchtlinge faszinierte. Mein Entschluss stand fest. In diesem Sinne will auch ich mich in die totale Nachfolge Jesu im Dienst an den Menschen schenken.
Der Orden der Oblaten des hl. Franz von Sales mit seiner weltoffenen Spiritualität nahm mich auf. Dachsberg und Ried waren die Stationen meiner humanistischen Ausbildung. 1956 trat ich in Eichstätt (Bayern) in den Orden ein und wurde 1962 zum Ordenspriester geweiht.
Bis heute ist der damals gewählte Weg mein Leitmotiv: Einsatz im sozialen Engagement für die Not - Öffnung neuer Wege der Kirche zu den Menschen im Sinne des II. Vatikanischen Konzils. Die beiden von mir gegründeten Werke, die internationale KIM-Bewegung (Kreis Junger Missionare), ein Alternativversuch in der Findung und Förderung kirchlicher Berufe, und das sozial/pastorale Zentrum „Esperanca de Deus" als Pilotprojekt menschlicher Entwicklungshilfe zur Selbsthilfe in Brasilien sind Ausdruck meiner religiösen und sozialen Haltung.
Die Bewohner unserer Küstenregion haben, wie erwähnt, der Kokuspalme wegen seiner lebensspendenden Funktion den Namen „Geschenk des Himmels" gegeben.
Wenn Menschen unser auf Porto do Mato errichtetes Zentrum besuchen, bezeichnen sie das Werk ebenfalls als „Wunder des Glaubens und der Liebe". Immer wird die Frage gestellt, woher die Kraft kommt und worin das Geheimnis liegt, mit der Initiative von nur zwei Menschen eine kleine Stadt inmitten von Mangrovensümpfen zu errichten, die den Teufelskreis des Elends bricht, eine ganze Küstenregion als lebenswert erschließt und in einem gewaltigen Ausbildungsprogramm jungen Menschen eine menschenwürdige Zukunft eröffnet.
Ich führe die Fragenden vor unser Inselkreuz „Licht und Leben" , die Wurzel unserer sozialen und pastoralen Sendung. Und diese

Wurzel führt sichtbar in heimatlichen Boden, wo Menschen mich bis heute in einer echten Solidarität begleiten, unterstützen und Heimat schenken.
Tafeln und Nationalfarben oder mit Landes- und Stadtwappen zeigen jenes Ursprungsland, in dem Glaube und Liebe wachsen und gedeihen konnten und welche Früchte sie schenken.
80 arme Kinder erhalten in dem von der Bundesregierung in Wien finanzierten Modellkindergarten und 250 Schüler in unserer von der EU und der Brasilienhilfe in Deutschland und Österreich geförderten Hauptschule das Fundament einer hoffnungsvollen Zukunft. Unsere moderne Schulbäckerei, die zum erstenmal Brot auf die Insel brachte, sowie die lebenswichtige Wasserreinigungsanlage tragen den Namen und das Wappen der oberösterreichischen Landesregierung. Das Stadtwappen und die rotgrünen Farben meiner Heimatstadt Grieskirchen führen in das Herzstück Oberösterreichs, in das „Landl" des Hausruckviertels.
Zwei Drittel meiner 66 Lebensjahre habe ich bisher im Ausland verbracht. Das konnte aber meine Liebe und Dankbarkeit zu meinem Heimatland nicht trüben. In Oberösterreich haben sich in einem fruchtbaren Boden die Stammwurzeln meiner missionarischen Sendung gebildet und gefestigt. Erfahrungen in anderen Ländern und Kulturen haben das ursprüngliche Erbgut meiner Heimat nur ergänzt und bereichert. Wenn es mich nun jedes Jahr in den Herbstmonaten in meine engste Heimat zieht, so hat das seinen Grund nicht nur darin, um Hilfe für mein Werk zu bitten und meinen Freunden zu danken.
Ich benötige immer wieder heimatlichen Boden, um die Lebenswerke meiner Landsleute in ihrem Volksglauben, ihrem Brauchtum, ihrer Kultur, Musik und Lebensfreude aufzunehmen. Sie geben nicht nur mir, sondern allen, die sich als Entwicklungshelfer oder Missionare in fremden Ländern einsetzen, den unentbehrlichen Rückhalt der Heimat.
15.000 km trennen Porto do Mato von Österreich.

V

UNVERGÄNGLICH VOR VERGÄNGLICHKEIT

Franz Welser-Möst
MEIN INNERES ZENTRUM

Heimat ist für mich ein vielschichtiger und schwieriger Begriff. Als ich 20 Jahre alt war, wollte ich nur raus aus Österreich in die „große Welt", weil mir mein Heimatland zu eng und zu klein war.

Je länger ich mich nun in meiner Tätigkeit international bewege, desto mehr Bedeutung bekommt der Begriff Heimat. Mir ist mehr und mehr klar geworden, dass man seine Wurzeln nicht abschneiden kann, sondern pflegen sollte. Jedesmal, wenn ich nach Oberösterreich zurück komme, ist das Nährstoff für diese meine Wurzeln.

In der Musik kennen und erleben wir des öfteren das Einswerden mit einem Werk. Genau dieses Gefühl verbindet sich für mich mit dem Begriff Heimat, wenn ich an Oberösterreich denke, vor allem der Attersee und das Innviertel, die meinem Herzen besonders nahe sind. Ich liebe an den Oberösterreichern ihre „Erdigkeit", das heißt, ihren Hausverstand, die Kraft und Kreativität, die sich in so großartigen Dingen wie dem Oö. Musikschulwerk ausdrücken.

Nach Hause zu kommen bedeutet für mich, mein inneres Zentrum wieder in die richtige Position einrasten zu lassen.

Walter Wippersberg
LANDSCHRIFT

Wer „Milde und Ruhe und Liebe" so sehr herbeisehnt, wer das Bekenntnis zur Heimat ohne jedes Wenn und Aber so sehr schätzt, der kann, unterstelle ich, nicht allzu selbstbewußt sein. „Mir san mir", so würde mancher Oberösterreicher, nach dem Selbstwertgefühl seiner Landsleute befragt, vermutlich antworten. Unter der Oberfläche aber sieht's anders aus.
Vor mehr als zehn Jahren wurde in einer soziologischen Studie das Selbstbewußtsein der Oberösterreicher untersucht und mit dem der Steirer und der Salzburger verglichen. Die Oberösterreicher schnitten dabei nicht gut ab. Mit regionalen Ausnahmen allerdings. Der eine oder andere gestandene Bauer im Salzkammergut trägt ein Selbstbewußtsein zur Schau, das dem eines Renaissancefürsten kaum nachsteht. Und in manch einem Besitzer eines Vierkanters bei Sankt Florian oder im Innviertel lebt wohl noch der alte Stolz des freien germanischen Bauern weiter. Sonst aber findet man auf dem Grunde der oberösterreichischen Seele manch ein Minderwertigkeitsgefühl. Auch manch ein kollektives: Die Stadt Linz etwa versucht mit einem Millionenaufwand, vom alten Kleinstadt-Image („Linz an der Tramway", „Linz an der Landstraße") und vom noch nicht ganz so alten Image einer verdreckten Industriestadt wegzukommen. „In Linz beginnt's, plakatiert man fast beschwörend. Was beginnt? Man weiß es noch nicht ganz genau. Man tastet sich an eine mögliche neue Identität heran.

Wie trefflich sich Linz auf Provinz reimt, hat übrigens meines Wissens der Wiener Vormärz-Dramatiker Eduard Bauernfeld zum ersten Mal entdeckt:

Mit Zyankali hat's keine Eile,
Man kann auch ruhig sterben aus Langeweile,
Wie in der Provinz,
Zum Beispiel in Linz.

In vielen Landesteilen, den gebirgigen zumal und im Mühlviertel, ist die Landwirtschaft zum Nebenerwerbszweig geworden. Der starken Industrialisierung Oberösterreichs wegen bleibt der agrarischen Bevölkerung in diesen Gegenden das karge Bergbauerndasein erspart, aber eben die Industrie, die Arbeitskräfte aus einem weiten Umkreis anzieht, schafft Identitätskrisen: Das bäuerliche Selbstverständnis kann nicht mehr aufrecht erhalten werden, in der Hierarchie der Arbeiter steht der Nebenerwerbslandwirt aber, weil meist „ungelernt", an unterster Stelle.

Identität hat auch mit Identifikation zu tun. Es gibt „geborgtes" Selbstbewußtsein, wie es etwa in der Identifikation mit einem mächtigen Fürsten entstehen kann. Oberösterreich hat freilich - von den allerfrühesten Anfängen abgesehen - keine Residenz beherbergt, sondern wurde über lange Jahrhunderte von Wien her regiert. Und keines der Klöster ist zu einem über die Grenzen hinaus wirkenden geistigen Zentrum geworden, das aufs Umland jenen intellektuellen Glanz verstrahlt hätte, der das Selbstwertgefühl auch Nicht-Intellektueller hebt.

Oberösterreich hat bis heute kein geistiges Zentrum; die (weit außerhalb der Stadt angesiedelte) Universität und die Kunsthochschule existieren vielleicht noch nicht lange genug, um solche Funktionen zu erfüllen. Die im Umfeld der Kunsthochschule entstandenen, von Helmuth Gsöllpointner initiierten Großveranstaltungen wie „Forum Metall" und „Forum Design" waren in grotesk provinzieller Weise umstritten.

Auf einer anderen Schiene hat man versucht, mit der „Ars Electronica" die große weite Kunstwelt nach Oberösterreich zu holen, und die Teilnahme an der „Linzer Klangwolke" ist immerhin in wenigen Jahren zum kulturellen Brauchtum geworden. Ob das „Ars Electronica Center" als Sammelpunkt der Computer- und Medienkünste einen tiefergehenden Einfluß aufs geistige Leben Oberösterreichs haben wird, muß sich erst zeigen.

Oberösterreich ist ein moderates Land.

Oberösterreich ist jedenfalls kein Land aufregender Extreme. Ein stark industrialisiertes, aber kein von der Industrie verwüstetes Land. Der Fremdenverkehr spielt eine wichtige Rolle, aber man hat sich nicht wie anderswo bis zur Selbstaufgabe hin mit Haut und Haar dem Fremdenverkehr verschrieben.
Was Oberösterreich an ererbten Kulturdenkmälern zu bieten hat, ist einiger Aufmerksamkeit wert, aber ganz und gar Einzigartiges, für das man von weit her anreisen müßte, um es einmal im Leben zu sehen, gibt es selten.
Oberösterreich pocht als Bundesland auf seine föderale Eigenständigkeit, aber eine so ausgeprägte Wien-Phobie wie bei den Tirolern oder gar den Vorarlbergern findet man hierzulande kaum.
Fragt man, was denn „typisch oberösterreichisch" genannt werden könnte, so charakterisiert gerade das Oberösterreich, daß diese Suche nicht wirklich erfolgreich sein kann. Das Landesgetränk Most, die „Landessäure", ist typisch für Oberösterreich, aber ebenso fürs niederösterreichische Mostviertel - und als Apfelwein auch anderswo geschätzt. Knödel sind typisch für die oberösterreichische Küche, aber man liebt sie auch in Wien, in Böhmen und in Tirol.
Es gibt keine wirklich „typisch oberösterreichiche" Landschaft.
Das Salzkammergut, das vielen zuerst einfällt, wenn sie an Oberösterreich denken, erstreckt sich auch in die Bundesländer Steiermark und Salzburg hinein. Das Innviertel ist heute noch,

wiewohl schon seit rund zweihundert Jahren österreichisch, in vielen Belangen nach Bayern hin orientiert. Das oberösterreichische Alpenvorland unterscheidet sich kaum vom niederösterreichischen, und das oberösterreichische Mühlviertel ähnelt oft dem niederösterreichischen Waldviertel.
Und wieder das Fehlen der Extreme: Es gibt hohe Berge, aber sie sind nicht ganz so majestätisch oder (je nach dem, wie man's sehen will) erdrückend wie in Tirol oder im Salzburgischen, und wo das Land flach wird, dort ist es nicht gleich ganz so flach wie im Burgenland.
Dennoch wird, wer sensibel genug ist, feine, aber doch deutliche Unterschiede etwa im Leben dies - und jenseits der Enns bemerken, die eine uralte und unterschwellig heute noch wirkende Grenze ist: Bis hierher kamen aus dem Westen zunächst die bayerischen Kolonisatoren, bis hierher drangen von Osten her die Awaren, dann die Magyaren, später die Türken vor; sogar in unserem Jahrhundert war die Enns, als „Demarkationslinie", noch einmal Grenze, nämlich zwischen der russischen und der amerikanischen Besatzungszone.
Die Vielfalt, die sich doch zu einer Einheit verbunden hat, das Moderate, das Nicht-Extreme, das ist vielleicht das typisch Oberösterreichische - und eine Voraussetzung dafür, daß es sich angenehm leben läßt in diesem Land.

Oktavia Eigner (9 Jahre)
DA SEHE ICH DIE LICHTER BLINKEN

Ich bin foriges jahr mit meiner Mama und meinem kater Mitzo von Italien nach OÖ gezogen. Unser freund Didi hat mit seinem Auto den ganzen Umzug Gemacht und ich bin in unsehren ganzen sachen gesesen mit dem Mitzo im Ahrm. Er muste schon nach Zehnminuten aufs Klo wir sind angehalten und ich habe in an der Leine in die Wiese gesezt dafür muste er die ganze andere zeit nicht. Ich habe die ganze fart den Mitzo gestreichelt und er hat aus dem Fenster geschaut. Als wir in OÖ genauer in Linz angekomen sind haben wir uns die Wonung angeschaut ich wohne fast an der Donau nur das mein Zimmer an einer stark befahrenen Strasse Ligt. Aber am abend im Bet da sehe ich die Lichter blinken. Das gefält mir. Gleich um die ecke ist meine Schule fon meinem plaz sehe ich die Donau. Wir haben uns gut eingewönt auch der Mitzo ist schon nach zwei Tagen raus gegangen. Er hat drausen eine Weiße Katze die mit im kemfpt. Ich habe auch schOn zwei freundinnen Vicki und Sofie. Manchmal machen wir ausflüge in OÖ am meisten am Schloßberg und am Pöstlingberg. Aber ich ge auch rolersketen und Schlitschulaufen manchmal ge ich auch in Kirchschlag oder auf dem Dachstein Schifahren.
So welche ausflüge gefalen mir. Mama und mir gefällt OÖ und ich glaube dem Mitzo auch.
(Unkorrigierte Erstfassung)

Hermann Bell
IN IHREN BANN GEZOGEN

Als ich vor fast 30 Jahren, genau im Jahre 1972, meinen Wohnsitz nach Oberösterreich verlegt habe, habe ich mich vom ersten Tag an in Linz wohlgefühlt. Ich hatte bis dahin in mehreren Bundesländern gelebt und kann daher durchaus feststellen, daß Linz und Oberösterreich in bezug auf Lebensqualität allen Vergleichen standhält.

Für mich sind es im wesentlichen drei Bereiche, die stimmen müssen, um sich in seiner Umgebung wohlzufühlen: erstens die beruflichen Chancen, zweitens die zwischenmenschlichen Beziehungen und schließlich die Natur, die Landschaft und das Angebot im Bereich der Kultur.

Oberösterreich ist das Land mit der stärksten Industrie in Österreich, die die Basis für viele wirtschaftliche Entfaltungsmöglichkeiten auf allen Gebieten, insbesondere auch im Dienstleistungssektor, in dem ich tätig bin, bildet. Oberösterreich war aber schon früher ein reiches Land, auch in einer Zeit, als die Agrarwirtschaft noch mehr Bedeutung hatte. Das beweisen die eindrucksvollen Bauernhöfe und die schönen Stadtbilder mit Bürgerhäusern, die vom Wohlstand durch Jahrhunderte Zeugnis geben, ebenso die reichen Klöster, deren Bausubstanz jeden Besucher erfreut und beeindruckt.

Es ist leicht, mit den oberösterreichischen Menschen Kontakt zu finden. Ich habe sie meist aufgeschlossener den Fremden gegenüber kennengelernt als in manchen österreichischen Alpentälern. Vielleicht ist es die Donaulandschaft, die eher verbindet als trennt, vielleicht die große Industrie, die die Zuwanderung von

Fremden fördert und damit die Gesellschaft bereichert, oder der Wohlstand, der die Menschen selbstbewußt und offen ihre Meinung vertreten läßt. Ich glaube wirklich, es gibt in diesem Bundesland weniger Hinterhältigkeit als anderswo.

Oberösterreich ist zwar als Fremdenverkehrsland nicht so bekannt wie andere Bundesländer, die Schönheit der Landschaft hat mich trotzdem von allem Anfang an in ihren Bann gezogen. Besonders die Vielfalt sticht beim Vergleich mit anderen Bundesländern hervor. Zwischen dem Salzkammergut, dem Mühlviertel, dem Donautal, dem Innviertel, dem Hausruckviertel und dem Alpenvorland gibt es große landschaftliche Unterschiede, wobei jede Landschaft ihren besonderen Reiz hat.

Auch auf dem Gebiet der Kulturveranstaltungen ist man in diesem Land sehr bemüht, wobei auch hier von der klassischen Kultur, vor allem im Bereich der Musik, bis hin zu neuen künstlerischen Ausdrucksformen eine große Vielfalt geboten wird.

Es sind also im wesentlichen diese drei Grundlagen - die dynamische Wirtschaft, die aufgeschlossenen Menschen und die reizvolle Umgebung einschließlich der kulturellen Möglichkeiten, die bewirken, daß ich seit langem ein begeisterter Oberösterreicher bin.

Reinhold Tauber
LEBEN AUF STEIN

Erst einmal angekommen. Es war kurz nach dem Zweiten Weltkrieg. Ansiedeln der Familie in Urfahr, nördlicher Stadtteil von Linz. Damals war die Stadt geteilt wie das ganz Land. Die Donau war politisch Grenze zwischen West und Ost, sozial zwischen Nord und Süd, wie sie schon zu Zeiten des antiken Weltreiches Rom Grenze zwischen Kulturen, Völkern war. In jenen Jahren gab es andere Sorgen als Land-Erkundung. Schule, und wie man sie bewältigt, ohne daß sie einen überwältigt. Von Nord nach Süd über die Donau und vice versa: Zwei Grenzposten galt es zu passieren. Zweimal mußten alle Passagiere die Straßenbahn verlassen und durch Paß-Schleusen gehen. Auf südlicher, der amerikanischen, Seite auch durch eine DDT-Schleuse. Von den Russen her kamen die Wanzen, meinten die Amis; mit uns als Vehikel. Wir hatten zwar keine Wanzen, aber oft DDT in Haaren und Gewand.
Hinter dem nördlichen Donauufer baute sich das Land auf. Gleichgültiger Blick darauf. Nichts „passierte".
Zeit legt sich auf Zeit. Einsetzender Bewußtseinsprozeß. Allmählich entwickelt sich auch geografisches Bewußtsein. Das Fahrrad schlägt sich zu den persönlichen Besitztümern. Später zuweilen Vaters Moped. Die Welt wird größer. Sie erweitert sich donauaufwärts. Der „Saurüssel", das Tor zum oberen Mühlviertel, wird bewältigt im ersten von drei Gängen, die man sich ums karge Taschengeld einbauen hat lassen in das Steyrer Waffenrad, Jahrgang anno domini irgendwann. - Oder: Abends das Fahrrad-Hochtreten zur Glasau - mit dazugehörendem Keuchen -, zum Haselgraben-Scheitelpunkt auf der uralten Passage nach Böhmen, um flott wieder talwärts sausen zu können auf der mit Katzenkopfpflaster befestigten, damals in ihrem Streckenverlauf

äußerst bösartigen Straße. Aber sogar Autos konnten überholt werden. - Oder: Auf die „Gis" wandern am freien Tag, eineinhalb Stunden vor der Haustür in Urfahr weg, eine Standard-Wanderstrecke. Begegnungen mit alten Wandervögeln, „Naturfreunden", Alpenvereins-Leuten. Rucksackler, Jause meist mit dabei. Das Kracherl, das Bier, der Most werden zugekauft beim Hengstschläger. Oder, wenn man weiter ging, etwa bis Kirchschlag, beim Mayrbäurl. Man registriert: Schön ist's da. Man sieht auf Linz hinab und über die Donau hinweg - so wie von der Pöstlingberg-Terrasse auch, zu der man zuweilen hochstieg.
Aber noch „passiert" nichts. Noch baut sich keine Emotion auf. Könnte nicht etwas passieren?
Mit dem Rad über Steyregg zum Zeitdenkmal nahe der Donau, unweit der Steinbrücke. Mahnmal. Der berüchtigte Steinbruch selbst. Die Lacken davor, düster, still, ein Spiegel der Geschichte; stumpf, nicht blind. Die steile Stiege hoch zum Lager. Von dort weiter Blick ins Machland. Wind vielleicht. Sonne vielleicht. Das Tor.
Die Baracken. Das Krematorium. Die Zahlen. Die Bilder. Das nachklingende Echo von Trauer, Schrecken, von Unfaßbarem. Registriert wie im Museum. Wie Geschichte für die Prüfung, wie Griechen/Perser, wie Thermopylen; wie Rom/Hannibal, wie Karthago. Gewesenes, steht alles im Schulbuch. (Oder nein: Das hier stand nicht im Schulbuch.) Erste Nachdenklichkeit. Hochblicken in die Landschaft. Sie führt weiter und weiter. Nach Norden, nach Osten. Man könnte sich ihr vielleicht irgendwann annähern. Tief-Blicken: Das Noch-nicht-Wissen. Kaum registrieren. Was war? Warum, wo, wann?
Eines Tages verschwanden die Grenzhäuschen auf der Donaubrücke. Die Russen winkten zurück - auch jene von dem Gebäude gegenüber der Schule, die zu besuchen man verhalten war. In dem Gebäude war die Kommandatur der den Norden kontrollierenden Besatzer. In Freistunden war man oft hinüberge-

schlichen und war von den Soldaten als Gast behandelt worden. - Drüben, südlich der Donau, winkten die Amis. Die mit den Kaugummi-Packerln und mit dem DDT.
Kein Wissen, noch nicht. Auch in den Jahren später stellte sich noch nicht das Wissen ein um die Menschen mit Tränen in den Augen an der Nordgrenze, die in den späteren fünfziger Jahren zusahen, wie die nördlich von der inzwischen eisern gewordenen Grenze gelegenen Dörfer und Häuser ihrer Nachbarn, oder auch ihre zuvor noch eigenen, die Wirtshäuser, in denen sie gesessen waren, vernichtet wurden. (Heute ist das: Erinnern an Geschichten, die Geschichte sind, abgebucht, so hoffen wir. So hoffen alle.)
Keine Ahnung davon damals, obwohl nur einige Dutzend Kilometer Luftlinie vom Geschehen entfernt lebend. Noch kein Wissen um die geografischen Besonderheiten - die Stillensteinklamm, das Tannermoor, die Böhmerwaldtiefe. Noch keine Ahnung von Land und Leuten, obwohl man schon ins Berufsleben unterwegs war, sich um selbständiges Denken, um Informationsfundus bemühte, jedoch auf anderen Gebieten. Noch war kein emotionaler Bezug gegeben. Noch nicht. Aber man war doch angestreift an das Land.
Später. Der Städter greift nach der stillen Landschaft. Es entstehen neue Straßen, alte werden begradigt. Der Verkehr wird schneller. Die Leute haben mehr Geld, die Wirtschaft prosperiert. Die Vermischung Land/Stadt erfolgt radikaler, wenn auch nicht alles schöner und besser wird dadurch. Irgendwann ist man mit dem Auto unterwegs in Richtung Böhmerwald. Das Licht stimmt. Der Wechsel Wald/Wiese/Feld in seinem sanften Rhythmus im stillen Szenario, das Gefältelte, Gestreifte, Geduckte, Gestreckte, Winddurchsauste, Dorfgefleckte ist plötzlich schön wie nie vorher wahrgenommen.
Da ist der Schlag aufs Herz. Jetzt ist es passiert. Aufgeflammt ist die Liebe zu dem Land, das so viel an Ursprünglichkeit, an Frische,

an Originellem, an Ernst und Schönheit bewahrte und noch bewahrt. Gegen diese Liebe ist kein Kraut gewachsen. Aber wer will gegen sie denn schon ein Kraut haben. Ich nicht. Er hat mich eingewickelt, Gottes bunter Fleckerlteppich, der Puffer zwischen Böhmen und dem Donauland. Und je mehr Informationen ich darüber sammle, je mehr ich darüber zu wissen glaube, desto besser weiß ich, daß ich nichts weiß darüber, weil unter jeder Schicht, durch die ich mich grabe, wieder eine Schicht ist, und hinter jedem Vorhang. Nie werden alle offenen Fragen beantwortet. Nie werde ich fertig werden mit meiner Liebe auf den dritten Blick. Das macht sie so schön. Das läßt sie nie erkalten und wird das Nachdenken über „M“ nicht enden lassen.

Maximilian Aichern
AUFGESCHLOSSENES LAND

Ich bin zwar kein gebürtiger Oberösterreicher und habe die längere Zeit meines Lebens in den Bundesländern Kärnten, Wien und Steiermark zugebracht. Die bald 20 Jahre meines Wirkens als Bischof von Linz, die vielen Kontakte und das Wohlwollen, das ich fast überall finde, haben aber dazu geführt, dass ich mich wirklich als Oberösterreicher fühle.

Ich kannte bereits in meiner Studienzeit und als Benediktiner von St. Lambrecht in der Steiermark viele Persönlichkeiten aus Oberösterreich und schätzte sie wegen ihres Einsatzes und ihrer Menschlichkeit. Als ich dann nach Linz übersiedelte, fiel mir besonders auf, dass die Leute hier härter artikulieren als anderswo, dass sie weniger hinten herum reden, sondern im Allgemeinen die Dinge offen aussprechen.

Ich verbinde mit Oberösterreich eine lebendige Kirche, für die ein aufgeschlossener Glaube, eine gelebte Caritas, eine aktive Betriebsseelsorge und der soziale Einsatz bestimmend sind. In kaum einem anderen Bundesland gibt es einen so hohen Anteil von aktiven Mitarbeiterinnen und Mitarbeitern in allen kirchlichen und gesellschaftlichen Bereichen. Das zeigen die hohen Mitgliedszahlen in der Katholischen Aktion, das zeigen viele Initiativen, die von Oberösterreich ihren Ausgang genommen haben; denken wir an den Entwicklungshelferdienst, an die Maschinenringe oder an das Friedenslicht aus Bethlehem.

Für Oberösterreichs Kirche, die gerade in den letzten Jahrzehnten viele große Persönlichkeiten wie Eduard Ploier, Ferdinand Klostermann oder Franz Jägerstätter aufzuweisen hat, ist der

Dialog charakteristisch. Dies gilt nicht nur innerhalb der Pfarren, Gremien und Gruppen, sondern auch mit den gesellschaftsbestimmenden Kräften, in denen sich die Christinnen und Christen bewusst engagieren. Man könnte hier eine lange Liste von Beispielen aufzählen - von der Feuerwehr bis zur Gewerkschaft, von den Sportvereinen bis zu den politischen Parteien. Nicht immer gelingt alles, was man sich vornimmt. Aber ich finde zum Beispiel die „Allianz für den Sonntag" eine „Supersache". Sehr positiv fällt mir auch die gute Zusammenarbeit zwischen öffentlicher Hand und Kirche auf.

Oberösterreich hat in vielem eine Vorreiterrolle in unserer Heimat. Wenn uns in kirchlichen Gremien auch manchmal die Bezeichnung „Preußen Österreichs" unterschoben wird, so sind dann doch alle froh, wenn eine Oberösterreicherin oder ein Oberösterreicher eine wichtige Sache in die Hand nimmt und für die Organisation sorgt.

Die Oberösterreicher sind weltoffen und lebensfroh. Sie haben einen gesunden Glauben, den sie nicht auf die Gotteshäuser beschränken, sondern im Leben und in der Gesellschaft verwirklichen. Ihr Engagement und ihre Weltoffenheit ist deshalb möglich, weil sie sich in ihrer Heimat und in den verschiedenen Gemeinschaften gesichert und getragen wissen. Zutiefst ist es auch der Glaube und das Vertrauen auf Gott, was sie hoffnungsvoll und einsatzbereit in die Zukunft blicken lässt.

Hansjörg Eichmeyer
DAHOAM IS DAHOAM

Ich habe mir Oberösterreich nicht ausgesucht! Ich wurde in dieses an Schönheit so vielfältige Land mit seinem Menschenschlag hineingeboren und bin ich auch gerne in diesem Land geblieben. In Vöcklabruck bin ich geboren und aufgewachsen. Vierzig Jahre war dort mein Vater als evangelischer Pfarrer tätig. Hausbesuche, besonders im ländlichen Bereich, waren zugleich sonntägliche Familienausflüge mit freundlichem Empfang in den Bauernhöfen. Als Kind interessierten mich weniger die Gespräche, die mein Vater führte, dafür umso mehr die Tiere im Stall, die Traktoren und Maschinen in der Gerätehalle. Wir spielten mit den Kindern des Hauses unter den Mostbäumen rund um das Haus, streiften durch Wald und Feld, von Ferne grüßte das Höllengebirge. Nach einer köstlichen Jause wurde dann der für meine kleinen Beine oft weite Heimweg angetreten. So wurden mir Oberösterreich, seine Landschaft und Bewohner schon früh zu einer echten Heimat mit Erinnerungen, wie sie schöner kaum sein können. Der Raum Attersee bis Mondsee war meine erste Pfarrstelle. Das Pfarrhaus im Ort Attersee liegt direkt am See. Das Segelboot diente zuweilen auch als Transportmittel für Hausbesuche nach Weyregg, das auch zum Pfarrsprengel Attersee gehört. Je höher die Wassertemperatur des Attersees stieg, umso mehr Freunde und Verwandte erinnerten sich daran, dass sie mich schon lange nicht besucht haben. Die Zahl der Kinder war inzwischen auf drei angewachsen, und so folgte ich dem Ruf in die Heimat- und Schulstadt Vöcklabruck, die dort inzwischen frei gewordene Pfarrstelle zu übernehmen. Die anfängliche Sorge, „der Prophet gilt nichts in seinem Vaterlande", erwies sich als unbegründet. Sechzehn Jahre wirkte ich als Seelsorger und Religionslehrer in dieser lieben Kleinstadt - so klein, dass man viele kennt, und doch so groß, dass man nicht um jeden Tratsch weiß. Gut besuchte Gottesdienste und ein lebendiges Gemeindeleben mit vielen engagierten Mitarbeitern machten die Arbeit dort zur Freude.

Seit 10 Jahren ist nun Linz mit seinem reichen Kulturangebot mein Amtssitz. Unsere Politiker in Stadt- und Landesregierung sind für die Belange der Evangelischen Kirche sehr aufgeschlosssen. Vielfältig sind die guten ökumenischen Beziehungen. Besonders erfreulich ist auch die fruchtbare Zusammenarbeit mit den verschiedenen caritativen und Erwachsenenbildungs-Einrichtungen der Römisch-Katholischen Kirche. Dazu kommt der gute brüderliche Kontakt mit Bischof Maximilian Aichern. Auch das ist eine Besonderheit in Oberösterreich.

Die Evangelische Diözese Oberösterreich erstreckt sich über 10.000 Quadratkilometer. Um zu sehen und zu genießen, was innerhalb meiner landesweiten Aufgabe als Superintendent der Evangelischen Kirche in Oberösterreich zu meinen Dienstrouten zählt, müssen andere weit anreisen.
Doch Heimat ist nicht nur Landschaft in ihrer vertrauten Gestalt. Heimat, das sind Menschen, die mit dir leben als Freunde. Und die habe ich hier gefunden. Aufgelegt zum Lachen, zuweilen mit herbem Charme, wenn etwas nicht behagt, aber doch offen, nicht boshaft, immer wieder zum versöhnlichen Handschlag bereit. Ich habe mir Oberösterreich nicht ausgesucht. Ich bin mit dieser göttlichen Fügung nicht nur zufrieden, sondern darüber glücklich!

Alois Brandstetter
ATTNANG

Im ersten Jahr war das A dran. Wir kamen aber kaum über das A hinaus, obwohl in unserem Buch auch noch was anderes stand, aber weiter hinten. Wir hatten aber immer Alarm, weil Attnang in der Nähe unserer Heimat war. Attnang ist ein Bahnknotenpunkt, und auf Bahnknotenpunkte hatten es die Amerikaner abgesehen. Da warfen sie immer alles herab, so daß man das Krachen auch bei uns noch vernehmen konnte. Wir hatten uns oft kaum niedergesetzt, da sagte unser Lehrer: Aha, die Amerikaner fliegen schon wieder nach Attnang, und dann burrte auch schon die Sirene. Dann liefen wir mit unserem Lehrer in den Keller hinunter. Der Lehrer konnte gar nicht so schnell, weil er ein alter Mann war. Er war nur notdürftig eingesetzt, weil die jungen Lehrer alle an der Front waren. Wir hatten aber große Angst im Keller. Der Lehrer sagte aber, daß wir keine Angst haben brauchen, weil die Amerikaner immer nach Attnang fliegen und weil Attnang ein Bahnknotenpunkt ist und wir hier im Land Gott sei Dank kein Bahnknotenpunkt sind. Und gegen das Land, wo kein Bahnknotenpunkt ist, haben die Amerikaner nichts, da machen sie nichts. Die Menschen in Attnang können einem erbarmen, sagte der Lehrer, weil sie an der Bahn angesiedelt sind. Da könnnen die Amerikaner wohnen, sagte der Lehrer, und im Frieden ist es an der Bahn auch ganz schön, wenn die Züge vorbeifahren und man sich nach ihnen richten kann und keine Uhr braucht. Und die Leute winken im Frieden aus dem Zug, wenn sie nach Salzburg einen Ausflug machen. Im Krieg ist es in Attnang aber schlecht. Einmal hat aber ein Schüler gefragt, was dann ist, wenn sie einmal nicht nach Attnang fliegen die Amerikaner und bei uns etwas herablassen. Da hat ihn der Lehrer aber scharf angeredet und gesagt, er soll nicht zaghaft sein, und ob er nicht weiß, daß wir kein Knotenpunkt sind: Aber es mangelt dir an der Geographie und du hast noch nichts von Amerika gehört und den Bahnlinien in Oberdonau und die Rolle, welche Attnang bei denselben spielt. Leider sind wir noch immer auf der Seite A und so ist dir deine dumme Frage eigentlich auch gar nicht zu verargen. Als aber einmal die Flugzeuge lange über uns waren und nicht wegfliegen wollten, sagte der Lehrer, vielleicht sind die Amerikaner jetzt fertig in Attnang und sie finden den Weg nicht nach Lambach oder Salzburg, wo auch Bahnknotenpunkte sind. Da hat der Mitschüler gefragt, ob die Amerikaner auch noch nicht Geographie gehabt haben, weil sie den Weg nach Salzburg nicht finden. Was sagst du denn da schon wieder, hat da der Lehrer gesagt, Amerika ist doch so groß, viel zu groß, als daß du es dir in deinem zarten Knabenalter überhaupt vorstellen kannst, und die Amerikaner lernen die Geographie von Amerika, und wir sind Europa. Sie müssen sich halt ein wenig umschauen, wo bei uns die Bahnknotenpunkte sind. Als es dann aber ganz nahe irgendwo recht krachte, sagte der Lehrer, das ist nicht in Attnang, auch nicht in Lambach und schon gar nicht in Salzburg. Dafür ist es zu laut. Das hört sich grad so an wie in Schwanenstadt. Da war ich schon, sagte da der Mitschüler, das ist gar nicht weit und dann kann man zu Fuß hingehen, wenn einen der Vater mitnimmt. Da sagte der Lehrer auch, daß er sich fürchtet, daß die Amerikaner vielleicht die falschen Landkarten eingesteckt haben und daß sie jetzt ziellos in der Luft herumfliegen müssen und daß sie ihre Fracht irgenwo abladen, wo gar kein Bahnknotenpunkt sich befindet. Da fragte der Mitschüler, ob es nicht besser wäre, wenn sie noch einmal zurückfliegen und sich die richtigen Landkarten holen würden, wo die gesamte Geographie eingezeichnet ist. Da sagte auch der Lehrer, das ist wahr, aber man kann es ihnen leider nicht sagen. Man verstand den Lehrer gar nicht mehr richtig, weil es ganz in der Nähe krachte, so daß alles wackelte. Hinterher atmeten wir aber alle wieder auf.

Rudolf Chmelir

HEIMAT HABEN IN OBERÖSTERREICH

Oberösterreich. Der Landstrich zwischen Inn und Enns, Böhmerwald und Pyhrn ist ein üppiges, ein schönes Land. Mit Gegensätzlichem, das sich ergänzt: Die Ebene der Welser Heide mit den Bergen des Salzkammergutes und der Pyhrnregion. Der pulsierende Wirtschaftsraum der Zentren Linz-Wels-Steyr-Vöcklabruck mit den Hügeln, Äckern, Wiesen des Inn- und Mühlviertels. Die Jahrtausende alte Geschichte und Kultur des Landes mit den Zielen einer Ars electronica.

Vielfältig ist es also, unser Oberösterreich, und vielfältig sind auch seine Menschen. Nicht so selbstbewusst zwar wie etwa die Tiroler, auch wenn wir Oberösterreicher uns oft scherzhaft als die Ober-Österreicher bezeichnen. Die Vielfältigkeit der Landschaft hat die Menschen geprägt: Die Innviertler mit der Konsequenz des Bayern und dem Gerechtigkeitssinn der Landler. Die Mühlviertler, die sich dem Sog der Landeshauptstadt Linz kaum entziehen können, aber dennoch ihre liebenswerte Eigenart erhalten haben. Die Traunviertler, mit einer starken Bindung zum unmittelbaren Lebensbereich, wie etwa die Steyrer, die sich voll mit ihrer Eisenstadt identifizieren. Die Hausruckviertler, vielfältig wie die Region mit dem Kohlengebiet und Thomasroith, Ampflwang, mit dem Landl, der Welser Heide, aber auch Teilen des Salzkammergutes. Und schließlich die Linzer, die es geschafft haben, aus der einst provinziellen Industriestadt eine wirtschaftlich, kulturell und gesellschaftlich moderne Landeshauptstadt zu machen.

Dieses Land und diese Menschen: das ist unser Oberösterreich, hier haben wir unsere Heimat. Denn „Heimat haben" ist mehr als eine Bindung an ein Territorium. „Heimat haben“ hat nichts zu tun mit falsch verstandener Blut-und-Boden-Mentalität. Heute ist Heimat die Formel für die Vorstellung einer komplexen Alltagswelt, Heimat ist etwas, was man gestalten kann. „Heimat haben“ heißt heute: Wunsch nach Überschaubarkeit, nach Mitgestaltung, nach Selbstbestimmung. Es hat zu tun mit regionalem Engagement, das einen Beitrag dazu leistet, dass das Leben des Menschen glückt. Dass er sich wohl fühlt in seinem unmittelbaren Lebensbereich.

Dieses neue Heimatbewusstsein schließt daher ein neues Geschichts-Bewusstsein mit ein, schließt Traditionspflege mit ein. Nicht in Form eines Gralshüters von Brauchtum, sondern in Brückenfunktion zwischen Eigenem und Fremden. Heimat haben hat mit erklärten oder verdeckten Interessen zu tun, mit lauten oder leisen sozialen Bedürfnissen. Dieses Heimatbewusstsein umfasst eine offene Heimatgesellschaft. Eine, die Privilegien abbauen und Widersprüche aushalten kann. Eine, in der Modernisierungswünsche ebenso Platz haben wie Restaurierungspläne. Eine, in der ausländische Mitbürger ebenso Platz haben wie einheimische Dialektabende.

Wenn es uns gelingt, diesen Heimatbegriff zu leben, dann können wir uns in unserem schönen Oberösterreich auch weiter wohl fühlen, hier Heimat haben.

Hans Köppl

EIN SUCHENDER ZU HAUSE

Es war ein feuchtkalter Montag, der 1. Jänner 1968, als ich aus der elterlichen Wohnung in Wien auszog, um mit dem Auto nach Linz zu fahren, wo ich am Tag darauf meine Stelle als Wirtschaftsredakteur der Oberösterreichischen Nachrichten antreten sollte. Die Fahrt auf der Westautobahn war kein Vergnügen, denn die Scheibenwaschanlage fror bald zu und ich musste immer wieder anhalten, um die Windschutzscheibe zu reinigen. Angesichts dieser widrigen Bedingungen ist es nicht verwunderlich, wenn der Wunsch, doch bald am Ziel zu sein, mächtiger wurde. In den Monaten danach, als ich wöchentlich zwischen Linz und Wien pendelt musste, begleitete mich stets ein Unlustgefühl. Die Fahrtstrecke bald in- und auswendig kennend, wissend, welche Abfahrten noch zu passieren sind, bis die Ausfahrt Linz zu erblicken ist, kann anödender nicht sein. Wie eine Erlösung wirkte stets der Anblick des Ennser Stadtturms, wenn die Strengberge hinter sich gelassen waren und sich vor einem das Land öffnete, das sehr rasch zur neuen Heimat wurde.

Was kannte ich damals von Oberösterreich?

Immerhin war ich hier mehr als anderswo in Österreich auf Besuch. Hier lebten und leben heute noch die Angehörigen meiner vor 17 Jahren verstorbenen Mutter. Als Vorschulkind war ich in Taiskirchen „ebakuiert", wie es damals hieß. In dieser Innviertler Gemeinde erlebte ich auf einem Bauernhof das Kriegsende. Als Jugendlichen führten mich immer wieder Sportwettkämpfe nach Oberösterreich. Bis heute andauernde Freundschaften entstanden in dieser Zeit.

Doch kennengelernt habe ich das Land nicht wirklich. „Linz an der Tramway" und seine „rote Wolke" prägten sich ins Bewusstsein ein. Kontrastiert vom Naturerlebnis Dachstein, wo ich als Kind mehrere Sommerurlaube bergwandernd verbringen konnte.

Und heute, 32 Jahre später?

Oberösterreich ist das Land, wo ich zu Hause bin. Immer noch ist dieses Gefühl des Heimkommens vor allem dann da, wenn ich dienstlich oder privat aus Wien zurückkehre. Jetzt die geografischen, kulturellen, wirtschaftlichen etc. Kleinodien des Landes aufzuzählen und zu rühmen, wäre bloß Klischees zu wiederholen. Besonders Bezüge zu irgendwelchen exotischen Details hervorzuheben, wäre nichts als bemühte Originalität. Oberösterreich ist für mich das zentrale Beziehungsfeld meines beruflichen und privaten Lebens. Als „Zugereister" bin ich aber vielleicht mehr als viele Bodenständige ein die auf den Punkt zu bringende kulturelle Identität dieses Landes Suchender.

Walter Pilar
LINZERUM

Saug
lockenlänge
wirbelt
in linzerum
nachtung

Dampfballungen bilden gespenster:
ein dickes darmgeschwür
fährt auf
in den Scharlinzer himmel.
Gute nacht,
nacht
macht`s wieder
gut

Mondaugenlauf
ins zerrbild des brunnens
plätschert
bis in den morgen hinein
' s abflußrohr
schnozzelt & sauft
bis morgen
sanft der sternenfluß Eridanus versiegt,
bis glockenschwengel & sirenen
den neuerlichen tag betönen

Davor zittert Orpheus
in der *Oberbank* &
Eurydike folgt
mit der stechuhr
im herzkranz

*

An sanften samstagen,
wenn rosanes sonnenlicht die Linzer Landstraße färbt,
sind auch die vielen gedressten frauen
so weich,
daß ihre nasenglieder
wie schnuller scheinen,
ihre weisse haut
durch die weiten heckelmaschen schimmert
& stoffe & taschen knistern
leicht im gehenswind.

Hans Bürger
WIE EINE KONTAKTLINSE

... der zweite Donnerstag im Monat in einem Wiener Innenstadt-Gasthaus. Wieder haben Studenten des Musikkon-servatoriums aufgespielt - wieder haben Dutzende mitgesungen, am Schluß auch getanzt. Jetzt ist es still geworden - und auch „sie" von der Stammtischrunde sind, weil ja doch ein Donnerstag,
nach Hause gegangen. In wenigen Stunden beginnt der letzte Redaktionstag dieser Woche. Und doch bereut keiner diesen Abend. Das wohlige innere Gefühl ist stärker als die Gewissheit des folgenden Tages: wieder einmal an einem zweiten Freitag im Monat gegen den Schlaf ankämpfen zu müssen. Nur einer ist sitzen geblieben - noch ein „Krügerl" (wie er es nach Jahren des inneren Widerstandes gegen die Umbenennung seiner „Halben Bier") jetzt doch noch bestellt. Sein Blick ist trüb geworden, nicht nur wegen der „Halben" - auch seine Kontaktlinsen schmerzen ihn. Bleibt ihm nur der Griff zur sogenannten Neutralisationsflüssigkeit. Das rettende Fläschchen - immer dabei in verrauchten Gasthäusern. Einmal die Linsen abspülen und der Blick wird wieder klar...
„Neutralisations"flüssigkeit ... denkt er.
Und seine Gedanken schweifen ab.

Ein Leben - ein wenig wie eine Kontaktlinse, denkt er...

Ein wenig lebt es sich als „Oberösterreicher in der Ferne" wie eine Kontaktlinse. Auch sie ist zunächst ein Fremdkörper in einem neuen Körper. Um zu „funktionieren", um sich also (in) den Augen des neuen Körpers anzupassen, muß sie täglich abgespült werden - u. a. mit einer sogenannten „Neutralisationsflüssigkeit". Geschieht dies nicht, „brennt" sie im neuen Körper und ist diesem nicht Hilfe zur Schärfung des Blickes, sondern sogar unangenehm.

Geht es nicht auch manchem Oberösterreicher so? Anfangs Fremdkörper in der Ferne. Zwar schon das Gefühl - man könnte nützlich sein für das neue Umfeld. Könnte vielleicht sogar mithelfen, den Blick anderer zu schärfen.
- und dennoch eben auch ein Fremdkörper
- und eigentlich täglich morgens der Gedanke - „am besten gleich den ganzen Körper mit Neutralisationsflüssigkeit überschütten ..."
Denn gefragt scheint, neutral zu sein.

Und das macht so manchen Oberösterreichern die ersten Jahre in der Ferne so schwer. Jenen, die gewohnt sind, ihre Emotionen zu zeigen. Ob lustig, singend, offen, direkt, grantig, polternd oder traurig. Das „kommt" nicht gut - d'rüber der Enns. „Schau Dir den an, der sagt ja, was er sich denkt - ja g'hört sich denn das?" Und so wird der neue „Mittelpunkt der Lebensbeziehungen", wobei es unerheblich ist, ob die Absicht darauf gerichtet ist, für immer dort zu bleiben (amtlicher Meldezettel), zum Übungsplatz. Zum Übungsplatz für das bisherige Ungewohnte, Unerlernte: ... nicht mehr jedem und jeder spontan sagen, was man über sie/ihn oder die Sache an sich so denkt - nicht mehr riskieren, vielleicht tatsächlich nicht das richtige Wort erwischt zu haben.

Diplomatie scheint angesagt ...
Doch der Oberösterreicher lernt auch rasch. Und vielleicht schneller und mehr, als es die „Neuen" an seinem ordentlichen Wohnsitz erfaßt haben. Rasch hat er das Spiel begriffen - und - er spielt es mit. Und schon sehen sie - die Kollegen, Nachbarn und Bekann-ten („Freunde" hat man meist seit der Jugend)- in uns den Angepaßten. „Na, hat er sich doch abgeschliffen - hat er

seine Plumpheit, Ungehobeltheit - sogar „Derbheit" müssen wir manchmal hören - doch abgelegt, ... ein normaler Österreicher halt, nicht nur mehr Oberösterreicher ..."

Glauben sie, weil sie schon Jahre „neutral" leben, können sie auch nicht anders. Wie denn das „Wirkliche" empfinden, wenn von Beginn an mit Verhaltensneutralität benetzt? Nun sehen sie uns also als einen der ihren. Doch da lächelt der Oberösterreicher dann verschmitzt und lässt sie - die anderen - in ihrem Glauben, dass er sich wirklich „ver"ändert hat. Und so mancher beginnt im Wirtshaus im ersten Bezirk, wo sie sich heute wieder zu ihrem monatlichen Journalistenstammtisch getroffen haben, zu singen ... Vielleicht ein Gstanzl aus dem Salzkammergut.

Furt in da Fruah, hoam auf'd Nocht
So hot's da Voater g'mocht.
Furt auf d'Nocht, hoam in da Fruah,
so moachans mir.

Da schaut plötzlich einer ... Erblickt inmitten des sich schon leerenden Wirtshauses (die Musik ist schon verstummt) einen noch immer vollen Tisch - und wundert sich. Und es gefällt ihm. Und er will sich setzten. Aber da fragt ihn einer aus der lustigen Runde: „Bist du überhaupt a Oberösterreicher?"
Doch da trifft IHN - den FRAGENDEN - der böse Blick aller. Nicht den, der höflich um einen Platz gebeten hat ... Oberösterreicher ja, Überheblichkeit nie. „Ober" gibt's nur einen. Und bei dem bestellen wir jetzt noch eine Runde Bier. Der Neue singt mit ... Und unter dem Tisch liegt ein Fläschchen mit Neutralisationsflüssigkeit. Ausgeronnen. Es war dem „Neuen" aus der Tasche gefallen.
Hier braucht er es nicht.

Alfred Pittertschatscher
WINDROSE, KOMPASS

Notizen, Verallgemeinerungen und - notabene - Klischees.
Je älter ich werde: (be)schreiben fällt mir schwerer... Die einen wanderten aus. Ich wanderte ein. Hier kann ich mit offenem Visier leben, kämpfen muß ich nicht ... und, rückblickend über zwei, drei Generationen - der Großvater meiner Mutter aus Grieskirchen, die Mutter meiner Mutter aus Blowitz bei Pilsen - wundert es mich auch nicht, daß ich (ungeachtet der väterlich ladinischen Wurzeln in Bozen/Zwölfmagrein, Wassen in der rätoromanischen Schweiz und in der Steiermark) letztlich wieder in Oberösterreich gelandet bin, obwohl ich mir auch vorstellen könnte, alle drei Jahre die Kontinente zu wechseln, und einmal in Europa, dann in Asien, Afrika oder Amerika oder Australien zu leben. Im Frühjahr, Sommer, Herbst und Winter.

Träume, Visionen, Fantasien: Ein Fenster offen, geöffnet die Tür - der Wind bemalt das Land. Das vertraute Kindatmen auf dem Landrücken. Hineinsehen mit allen Augen... Komm her, ich male dir das Schiff zum Schwarzen Meer, damit du auf der Donau dorthin treiben kannst...

Ja! Und dann das geteilte, sich teilende Land, unter und ob der Enns, die gliedernde Donau und die Enns und Traun, der Inn, der Eiserne Vorhang, Stacheldraht und Todesstreifen im Norden, ja; und dann die unglaubliche und unerwartbare Grenzöffnung.

Ja, und ein halbes Jahrhundert zuvor die amerikanische Zone, die russische Zone, die Grenzflüsse. Die mental und topographisch absolut unterschiedlichen vier Viertel, der Separatismus des Salzkammerguts, die Innviertler Dickschädel, der Mühlviertler

Archaismus, die weithin legendäre Freundlichkeit der Traunviertler.

Ja! Und die Steine, Wiesen, Hohlwege, Äcker, Seen, Hügel und Täler, Berge und Gletscher, Wälder. Das Rinnen und das Plätschern, das Frieren und das Tauen. Die Sonne im Morgen und im Abend. Die Sterne in Mitternacht und Mittag. Die mutigen, sich Wien und Salzburg und Prag und München in den Weg stelllenden protestierenden Linzer.

Die Donau („Nie steigst du in den selben Fluß!") als Katharsis und Infusion gegen parasitäre Geschichtsabsahner (a la Salzburg, wo alle Uhren nachgehen! Man müßte sie vorstellen!). Der monomane, verzweifelte Aufbau von urbaner Identität, das Verdrängen, das Gedenken, die Wiedergutmachung; immer wieder Überraschungen, Kontraste oft, stets und immer, das Provinzielle und das Weltoffene, die Biederkeit und das Geniale, die Eingewanderten und die Ausgewanderten, die Mulden und die Firste, die Zacken und die Täler, die Fluren. Diese Verstecke und diese Aussichtspunkte. Dieses Segelparadies, diese Bergabenteuerwelt! Dieses Oberösterreichklima ... positive und negative Vor-Urteile.

Ja! Ich, wenngleich hier nicht geboren, mag Oberösterreich. Und obwohl ich auch hier wie in der Stadt meiner Geburt, Salzburg, die Landeshymne nicht mitsinge (Hymnen mag ich nicht!): Oberösterreich ist das richtige, offene Land für mich.

Dann diese alten Häuser, dann die neuen Häuser, dann die unverwässerten Pasticcios zwischen Alt und Neu. Die Eisenstraßen, die Salzstraßen, dann das Computergetue, dann die Innovationen, dann das In-die-Höhle-des-Löwen-Gehen. Das Einerseits-Andererseits-Land. Die Lügen, die Wahrheit, die Größe, die

Kleinheit. Das Schütteln der Hände und der Blick ins Gesicht. Das Abenteuerland, das Entdeckerland, diese Liebe auf den dritten Blick.

Das mich faszinierendste Tier, die Schnecke, begleitet mich, schon lange. Ich fühle mich artverwandt - selbst gleiche ich keiner einfältig einhäusigen, einheimischen unter den Schnecken, verwandt fühle ich mich der mehrhäusigen oberösterreichischen...
Oh OÖ., ich schaue gern in dein Gesicht und welle mich durchs Leben, und fällt mir ein Gedicht ein, sag ich: Kitsch!
Könnte ich leben? Ohne meine Freundschaften in Schauersfreiling? Gallneukirchen, Pinsdorf? Ohne meine Tag für Tag herbeigesehnten Segelwochenenden am Attersee? Ohne Neustift? Ohne mein seltenes Traunsteinwandern über den Naturfreundesteig? Ohne Dachsteinwandern zur Simonyhütte oder zum Krippenstein, ohne mein Paddeln auf der Donau Ottensheim flußabwärts? Ohne zur Schlögener Schlinge mit dem „Micro Plus"-Motorboot, ohne meine Freunde in Zaglau, Julbach? Steyr, Losenstein? Ohne Pichl, Hinterstoder, Kirchdorf, Arnreit, Ried im Innkreis, Pettenbach, Almtal, Rainbach bei Schärding, Glasau, Kirchschlag, Putzleinsdorf? Ohne meine - viel zu seltenen - sonntägigen Spaziergänge mit Franz Rieger durch die Wälder und Wiesen und Felder, an Äckern und Spinnweben und Rehen und Vögeln vorbei, rund um Oftering? Ohne Priel, Höllengebirge und Totes Gebirge? Könnte ich?

P.S.: Aber, sagen wir, angenommen, ich wäre aus Kairo in Ägypten gebürtig und lebte, sagen wir, erst seit zwanzig Jahren in Oberösterreich, oder etwa meine Eltern stammten, sagen wir, aus dem Kosovo und lebten erst, sagen wir, seit 1986 oder 1998 in Österreich, ich wäre zwar, sagen wir, bereits in Oberösterreich geboren, aber ... wie würde ich, sag mir, dann Oberösterreich beschreiben?

Franz Stelzhamer
LANDESHYMNE

1. Hoamatland, Hoamatland, di han i so gern! Wiara Kinderl sein Muatter, a Hünderl sein Herrn, wiara Kinderl sein Muatter, a Hünderl sein Herrn.

2. Duri's Tal bin i g'laffn, af'n Höcherl bin i glegn, und dein Sunn hat mit trückat, wann mi gnetzt hat dein Regn, und dein Sunn hat mi trückat, wann mi gnetzt hat dein Regn.

3. Deine Bam, deine Staudna san groß worn mit mir und sie bliahn schen und tragn und sagn: Machts a wia mir, und sie bliahn schen und tragn und sagn: Machts a wia mir.

4. Am Schönern macht's Bacherl, laft allweil tala, aber 's Herz, vo wo's auarinnt, 's Herz, des laßts da, aber's Herz, vo wo's auarinnt, 's Herz, des laßts da.

5. Und i und die Bachquelln san Vetter und Moahm, treibts mir, wo da wöll, umma, mein Herz is dahoam, treibts mir, wo da wöll, umma, mein Herz is dahoam.

6. Dahoam is dahoam, wannst net fort muaßt, so bleib, denn die Hoamat is ehnta da zweit' Muatterleib, dann die Hoamat is ehnta da zweit' Muatterleib.

Walter Kohl
HEIMATLAND. EIN HUND SEIN HERR.

391.120 Einträge in Altavista. 27.914 Einträge in Northern Light Search. 60 Einträge in Yahoo. 37.864 Einträge in Fireball.
Sorry, Sie brauchen einen frame-compatiblen Browser wie Netscape 3.0 und höher, um diese Seite ansehen zu können.
Sich auf die Suche machen nach dem Heimatland im weltweiten Netz.
Bauerngolf, Moor, Tennis, Bauernmuseum, Strandbad. Die Menschen in dieser verträumten Gegend haben viel getan, um ihren Gästen einen schönen Urlaub zu ermöglichen.
Ich mag Heimatland, Heimatland Sie so.
Willkommen bei der Arbeiterkammer Heimatland! Schlagzeilen dieser Woche. Als haben Sie Online-Info und Tipps.
Überwältigende Fülle von Information hat Nichtinformation im Gefolge.
Highlights. Bauernmarkt. Sommerrodelbahn. Tag der Tracht.
Wie das Kind seine Nuß (oder Mutter).
Diese Seite enthält eine Auflistung aller Heizberater in Heimatland. Stand der Liste ist zehn neun neunundneunzig.
Doch wer oder was ist Heimatland.
In Richtung Mühlviertel und Machland dominiert am Dienstag zumeist das sonnige und sehr warme Wetter bei Temperaturen, die auch wieder bis 25 Grad reichen.
Ein Hund sein Herr.
Wichtige Verkaufsplätze an der Grenze zu Heimatland. Klicken Sie auf die Karte, um einen zu vergrößern.
Abschlachten, 3000 Bauern, im Emlinger Holz.
Mit einer Dixie-Band an Bord auf der M/S Amadeus über den Wolfgangsee, Kreativ-Seminar auf dem Schafberg, Auffahrt mit der Zahnradbahn.

Deine Hitze nicht zu grimm ist, dein Frost nicht zu groß.
Reiterurlaub, Golf, Wanderweg, Radweg. Geboltskirchen wird an drei Seiten vom Hausruckwald umschlossen.
Stattlich und feist steht der Reichsfeldmarschall in St. Peter, in skurril-bombastischer Galauniform, lauter WehrmachtsMänner auf dem Hakenkreuzpodium, nur einer in Zivil: neben dem Reichsfeldmarschall ein Arbeiter im Blaumann.
Nachdem sich die Fischotterbestände im Norden Heimatlands in den letzten Jahren erholt haben, werden zunehmend massive Klagen seitens der Fischerei laut.
Trauben unser heißt Hopfen, Wein unser heißt Most.
Linz, Heimatland, Donau, Bruckner. Die drittgrößte Stadt Österreichs liegt eingebettet im wunderschönen Donautal, umgeben von hügeliger Landschaft.
HeimatlandWürfelspiel, Berlin, 1939. Wer droht, wer lärmt, wer ängstigt meine Schafe!
Freuen uns, bereits realisierte Projekte in Heimatland präsentieren zu können: Standort. Auftraggeber. Lage. Bild.
Zu Bier und zu Most und, eine Kost kräftig schmeckt.
Das Wirtschaftsförderungsinstitut Heimatland bietet Weiterbildungskurse in den Bereichen Betriebswirtschaft, Sprachen, EDV und Informatik, Persönlichkeit und Technik.
Die Knechte verlassen die Höfe, nehmen jede, wirklich jede Hilfsarbeit an, weil sie nach sechs Monaten damit das Recht erwerben, ins Stahlwerk zu gehen. In den Staatsdienst.
Nach dem gewaltsamen Tod eines Großbauern in Heimatland zu Beginn des Jahrhunderts werden gemäß seinem Testament sieben Knechte zu Bauern.
Diese alle Jahre wächst, keinen Gefahr es hat mit Not.
Kurzinfo: Neunloch, hügelig, Hotel, Restaurant, Pro-Shop, Schlägerverleih, Schwimmbad, Tennis, April bis November.
Die Infanteristenausschaltungsmine springe einen Meter hoch und schieße Dutzende Projektile ab. Wenn der Abnehmer es wünsche,

könne die Mine vor dem Ausstoß der Projektile die Hymne des Abnehmerlandes abspielen, sagt der Vorstandsvorsitzende. Der Minister lacht.

Aktueller, schneller, besser informiert - jetzt auch im Internet immer topaktuell. News aus Heimatland voll dabei.

Ich mag Sie so.

Abseits vielbefahrener Autostraßen liegt der wichtige Ort an der Heimatland-Eisenstraße.

In der Sandgrube im Böhmerwald, nahe bei Horni Plana, hat einer vor 30 Jahren eine alte Bierflasche ausgegraben. Brauerei Linz 1909. Keiner der vielen Linzer, die jetzt kommen, will das Souvenir kaufen.

Tausende Kilometer markierte Wanderwege und ein weit verzweigtes Radwegenetz machen diese Landschaft zu einem Natureldorado mit internationaler Anerkennung.

Wie das Kind seine Nuß (oder Mutter).

Nationalpark, Kalkalpen, Dorfurlaub, Ferienclub, Stodertaler Zwerge, Wurzeralm. Der Ort ist Mitglied in der Vereinigung Dorfurlaub in Heimatland.

Technologieführerschaft. Metallurgiecluster. Kostenführerschaft. Chemiepark. Ef- und E-Führerschaft. Nachbar in Not. Schengenaußengrenze. Gendarmeriebeamte wie die Buben, streiten um das Nachtsichtgerät.

Der Ort war schon zur Römerzeit Verwaltungssitz einer Region.

Ein Hund sein Herr.

Karl Kleinschmidt

BILDER EINER STADT

Wer auf der Brücke steht und hinablauscht, der fühlt noch den Pulsschlag (den im Panzer der Staustufen matter gewordenen Schlag), der seit urdenklichen Zeiten West und Ost verbindet. Er fühlt wohl auch die andere Strömung, den Zug der zahllosen Schritte, die auf der „Salzstraße" gingen, vom Süden nach Norden, vom Norden nach Süden. Wellen des Stromes, Stöße des Blutes?

Die Flüsse des Mühlviertels, warm und bernsteinfarben, strömen einen mächtigen, gebuckelten und gefurchten Hang hinab, alle der Donau zu. Diese breite Woge scheint drüben, jenseits der Donau fern aufzubranden und zu erstarren in den Kristallgestalten der Alpen, in der schier endlosen Reihe von Gipfeln: schimmernde oder verdüsterte Häupter, versteinert, vereist und dennoch Lebensgestalt. Am Nordhang verfangen sich die Wetter und die Nebel länger als hier auf den Matten, in den feucht hauchenden Gründen und an den runden Kuppen. Stehst du auf einem der „Wogenkämme" im Norden, im Mühlviertel, an einem föhnigen Tag, vielleicht, und kannst mit Augen hören, so horch auf die Musik dieser Landschaft, den weithin schwingenden Gesang und die kunstreich aufgetürmte Fuge, die zuletzt gesammelt aufdröhnt am Alpenzug.

Du stehst auf einem der granitenen Blöcke wie auf dem Bug eines Schiffes. Der Blick stürzt hinab und wühlt sich in die glutfarbene schäumende Laubwildnis, in die Brandung der Wipfel. Das Land wogt dir entgegen, die Tiefe wallt auf und kreiselt, ihr Sog zieht dich an, Lust und Grauen gemischt. Doch du stehst in der ruhenden Mitte des Wirbels. Du schaust den Vögeln von oben auf die

Flügel. Flügel oder Flossen? Vögel oder Fische? Es rauscht um den Bug. Da löst sich ein Stein und fällt klingend in die Tiefe. Wie Wellenringe geht's aus von dem Hall. Wo trifft er auf? Das Auge findet keinen Grund. Büsche und Bäumchen haben sich an den Rand des Bruches gekrallt. Gräser tasten aus den Fugen hervor. In Apfelfarben verdämmert der Tag.

Bald flimmern da und dort die Lichter aus dem Abendnebel. Das Ohr wird wacher, die Haut schaudert vor jedem Anhauch, aus samtigen Nüstern dampfen die Wiesen. Die Fünkchen verschwimmen. An einem Herbstmorgen, wenn alles nach innen horcht, ist die Ferne tiefer gestuft und die Nähe überklar. Tautropfen fallen von den Spitzen der Blätter, ein Blatt löst sich, taumelt zu Boden. Kein Hauch. Die Luft hat tausend blaue Türen. Tauchst du die Hand in den Bach, so jagt dir Frische brennend zum Herzen. Er ist ein zuckendes Reptil, eine zauberische Schlange, die sich spielend im Feuer des Herbstes wälzt. Und wenn das dürrgoldene Gras sich erwärmt und das Moosfell dampft, dann reckt sich der Stein, auf dem du rastest. Ein Herzschlag, in dir und im Stein. Der Habicht dort oben, die kleine Echse, der Ruf des Hähers, das Wasser, - bist nicht alles du selbst?

Die Flußtäler, gelegentlich tief eingeschnitten, bestimmen das Wesen des Oberen Mühlviertels. Es liegt hingebreitet, aufgeschlagen, ein offenes Buch, es kommt entgegen, bietet sich an. Und wenn der Schatten barocker Sommerwolken über die Hügel gleitet oder der bayrische Wind Regen oder Schnee über die weiten Felder und Hänge jagt, wenn die ersten leisen Vorfrühlingsstimmen aus dem Nebelflaum dringen oder die Herbstsonne im Donautal verglüht, immer ist es ein Antlitz, das spricht und das sagt, was es meint. Das untere will sich entdecken lassen. Es verschweigt mehr, als es sagt. Es verbirgt sich, und erschließt sich nur dem, der bereit ist, geduldig zu warten, behutsam zu forschen und keine voreiligen Fragen zu stellen. Hier leuchten zuweilen „archaische“ Züge durch den oberflächlichen Anschein. Diese Landschaft ist ein „Palimpsest“, allmählich erst scheinen die tieferen Schichten herauf, geben Geheimnisse sich preis, die auch dann noch Rätsel bleiben. Diese Landschaft spricht in Rätseln und ihre geheimen Spannungen fordern dich, ohne daß es dir immer bewußt wird. Du bist ihr ausgeliefert, anheimgegeben oder ausgesperrt, mehr als du weißt, und wer meint, sich in ihr verkriechen zu können, wird bald ratlos und verwirrt vor ihr stehen, die so vertraut scheint und so unnahbar ist. Du empfängst von ihr nur, was du zu geben bereit bist.

Von den Höhen der Salzstraße aus hast du nach dem Salzkammergut geblickt, nach dem steinernen Schloß, in dem „das Gewürz der Weisheit“ reift und aus dem es noch immer geborgen wird. (Was ist aus uns geworden....?) Als die Flut der Meere sank, ließ sie's zurück. Es wollte gehoben sein wie ein Schatz. (Ist es von ungefähr, daß Blut durch Salzwasser ersetzt werden kann, wenn es zu versiegen droht?)

Von zahllosen Quellen ist das Kalkgestein durchpulst, sie sammeln sich in den Bechern der Seen, in denen Sonne und Mond sich schauen. Sie wühlen durch Höhlen und Grotten. Muscheln, Schnecken, Korallen, heimverwandelt zu Stein, überliefern die Formenschriften uralten Lebens. Wissen wir sie zu entziffern? Wer deutet uns?
Die „Mitte“ dieser Landschaft liegt im Inneren, im Verborgenen. Hier lebt alles Vergangene mit und umhaucht die Dinge mit dunklerem Atem. Dem heitersten Sonnentag ist machmal ein dunkler Ton beigemischt. (Alle Dauer ist vergänglich, aber das Flüchtigste deutet hier noch auf eine unsichtbare Figur). Das Land stieg aus den Wassern, es verleugnet seinen Ursprung nicht. Es steht ihm ins Gesicht geschrieben.

Jahrtausende sammeln sich in einem Tropfen Gegenwart, der dir von einem Blatt entgegenblitzt. Irgendein hartes Geräusch schreckt dich auf. Du warst dir verloren. Jetzt unter der Mittagssonne plötzlich erblickst du dich selbst, entfremdet Hand und Fuß, und du schauderst: bricht nicht ein erschütterndes Lachen aus dem Stein, ein bärtiges Haupt, ein dunkler Pan?
Über die Gosauseen strahlt der Atlasthron des Dachsteins her. Wer aber dem Gletscher nahekommt, dem offenbart er sein urzeitliches Wesen. Unsichtbare Blitze, gewaltige Beilschläge brachen den Eispanzer auf - und da klafft es hinunter, kalte Lichter, türkisen, milchig, glasig grün zwischen Weiß und Schwarz, bedrohlich, fremdvertraut, als blickten wir ins eigene Innere hinab. Der Abgrund lockt und die Höhen leuchten. Hier vermählt sich die Strenge des Nordens mit der Anmut des Südens, die Dämmerung mit der Kontur. In diesem Kristall bricht das Licht und der Strahl des Dunkels sich tausendfach. Schäumt Frühlingsgrün herauf, dann ist es die Woge uralter Meere, die noch in den Gezeiten unseres Blutes lebt. Woge, die an das immer Unbegangene brandet.

Und wieder auf der Donaubrücke: die Giebel, die Türme, die Taubenflügel, die Möwen, das Wasser. Aber unterhalb der Stadt, da gärt und kocht es in der hephaistischen Werkstatt, da keuchen Riesenlungen, tellurische Feuer wittern herauf, es rasselt und poltert, kreischt und rauscht, Schattenarme greifen um sich, nachts starrt kaltes Licht aus den Scheiben und zuckt durch die Schatten. Nur ein schmales Niemandsland trennt Wasser- und Feuerwelt. Und der Grund birgt vielleicht jetzt noch Gebein und Gefäße, das Wurzelgeflecht vergangenen Lebens, von dem wir zehren.

Das Wesen derer, die dieses Land bewohnen, ist gar nicht leicht zu fassen (sobald man Blüte und Abschaum beiseite läßt). Hier herrscht ein bajuwarischer Dionysos und eine Weltfrömmigkeit von magischem Zuschnitt. Die Sphären schwellen ineinander.- Ein stiernackiger Eigensinn mit schöpferischen Hinterhalten. Eine Geradheit, die Umwege sucht und lieber sich selbst als ihre Ziele preisgibt. Eine undurchschaubare Aufrichtigkeit. Und manchmal ein unvermutetes Herz. Eine panische Vitalität, die zwiegesichtig gefährlich ist, aber zuzeiten alle Masken zerbricht, um sich lachend hervorzutun. – Freilich: auch Spießerei und Dämonie des Alltags sind nicht geringer als anderswo. Der Strom singt sich selbst und das Land, das er belebt, um so leiser, je größer er wird, den Wandel des Wandellosen, unvergänglich vor Vergänglichkeit.

Adalbert Stifter
MEINE INNIGST GELIEBTE GATTIN

Meine innigst geliebte Gattin!
Als ich gestern nur noch mehr schwach dein theures Angesicht in dem offenen Fenster sah, und das Wehen deines weißen Tuches klar erblikte, ging das Schif unter die Brüke, und der schwere Körper dieser hölzernen Straße und Dampf und Rauch verhüllte Alles, und ich war von dir getrennt.
Ich sah noch auf das Haus zurük, da es später wieder zu erbliken war: allein die Ferne ließ nur mehr die Mauern, das Dach und die Fensterpünktelchen erkennen. Das Schif bog um die Waldeke, und wir waren in einem anderen Thale.....
Schwere Nebel hingen an den Waldhöhen, die oberhalb der Brüke sind, und wir fuhren den Nebeln entgegen. Nach einigen Minuten begann es zu regnen. Es war aber ein Tuch über das Schif gespannt, und über dem Hintertheile war ein Flachdach, so daß ich troz des Regens auf dem Verdeke hin und her gehen konnte. Der Pfarrer von Hartkirchen saß auf dem Hinterdeke, und las Zeitungen, ein junger Mann ging mir entgegen, auf dem Schiffe auf und nieder, und sagte gelegentlich auch ein paar Worte, unter andern, daß er nach Aschach fahre. Eine Frau mit ihrer Tochter flüchtete in die Kajüte, und alle übrigen Menschen waren auf dem zweiten Plaze.
Selten habe ich die Berge oberhalb Linz so schwarzblau, gleichsam aufgequollen und düster gesehen, aber mein Gemüth konnte von dieser Düsterheit nicht ergriffen werden; denn die Holdseligkeit deines Wesens war in ihm.
Da wir Ottensheim und Wilhering hinter uns hatten, und die Aschacherwörthe uns grau in grau mit Wasser und Wolken entgegen kamen, und Regen wie in flüssigen Schnüren nieder gingen, stieg ich in die Kajüte, und sprach mit der Frau, einer

Kaufmannsgattin aus Engelhartszell, die mir von ihrem Magenkatharr erzählte, den sie Jahre lang gehabt hatte, da sie früher gar so rüstig und gesund gewesen sei. Dann kam der Pfarrer und erzählte mir lachenden Mundes vom ihm bis jetzt unbekannten Oheime, dem Pfarrer von Hartkichen ...
Dann stieg das Schif den Strom weiter hinan in die Waldberge zwischen Aschach und Passau hinein. Ich war wieder auf dem Verdecke, weil ich solche stromsäumende Höhen sehr gerne sehe. Sie waren troz des Regens herrlich schön. Neuhaus, wo du vor 18 Jahren den langen Nachmittagsschlaf auf einem Schlosse, das du zum ersten Male betreten hattest, gemacht hast, wich an unserer Rechten zurük, Höhe an Höhe und ging zurük, und das schwere Haus und das Häuflein geschmeidigerer Häuser der Obermihel rükte an unser Schif......
Ich küsse und grüsse dich inniglichst. Es folgt ein Handkuß von der Kathi und von uns beiden Grüsse an Marie, Judith, Hausmeisterleute. - Ich bleibe bis in den Tod Dein treuer Gatte.
Lackerhäuser 10ten August 1866.

Erich Rainbacher
ORIENTIERUNG FÜRS LEBEN

Wie fühlt man sich als Oberösterreicher außerhalb seines Bundeslandes, welche Erinnerungen, Eindrücke und Wertmaßstäbe begleiten einen? Auf welche Erwartungen und Vorstellungen trifft man, wenn man in einem anderen Bundesland oder sogar im Ausland lebt? Das alles sind Fragen, die eine große Zahl von Menschen berühren, denn viele leben aus beruflichen oder privaten Gründen außerhalb Oberösterreichs. Allein in Wien wohnen an die 70.000 Menschen, die in einem Naheverhältnis zu Oberösterreich stehen.

Diese Zahl zeigt sehr gut, dass die Menschen unseres Bundeslandes die Bereitschaft haben, über Grenzen hinauszudenken, aber auch über diese hinauszugehen. Was den erfreulichen Effekt hat, dass man viele Landsleute trifft, die in verschiedenen Funktionen tätig sind. In meinen zahlreichen Begegnungen mit ihnen stelle ich immer wieder eines fest: Nämlich die lebenslange Verbundenheit mit dem Land, in dem man aufgewachsen ist. Unabhängig davon, wo man nun lebt, immer wieder werden Vergleiche zu Oberösterreich, zu seinen Menschen und ihrer Art zu denken und zu handeln angestellt. Die Erziehung in der Kindheit, die Normen und Werte, die man vermittelt bekam, bleiben Maßstab und Orientierung für das gesamte Leben.

Was macht nun DEN Oberösterreicher aus, worin unterscheidet er sich von anderen Österreichern? Ich glaube nicht, dass es DEN Oberösterreicher gibt, - wir unterscheiden uns alle sehr voneinander -, doch finden sich Wesensmerkmale, die für die Menschen dieses Landes charakteristisch sind. Leistungsbereitschaft, Ausdauer und konsequentes Realisieren von Zielen gehören eben-

so dazu wie das Stehen zur eigenen Meinung und das hohe Engagement, mit der man eine Sache anpackt und erfolgreich zu Ende bringt. Aber auch die Bereitschaft zur Geselligkeit, zur Pflege von Traditionen, ohne den Blick auf andere Lebensarten und Gewohnheiten zu verschließen, sind typisch.
Wenn auch viele woanders ein neues Zuhause gefunden haben, bleibt Oberösterreich doch immer Heimat im eigentlichen Sinne des Wortes. Dazu gehört die unauslöschliche Erinnerung an die Kindheit und Jugend, die man hier verbracht hat, an die Schönheit der Landschaft, in der man aufgewachsen ist. Fast alle pflegen weiterhin regelmäßig Kontakte zu Angehörigen und Freunden. Diese persönlichen Kontakte sind Bindeglied zur Heimat und helfen, ein Stück oberösterreichische Identität ein Leben lang zu bewahren.
Es ist daher kein Zufall, dass auch in Wien die Oberösterreicher ein starkes Zusammengehörigkeitsgefühl zeigen. Der Verein der Oberösterreicher in Wien besteht seit 1885 und ist der größte Verein dieser Art. Seine Ziele sind auch im 21. Jahrhundert die selben wie zur Zeit der Gründung: Pflege der Traditionen unseres Landes, gesellschaftlicher Anschluss, Unterstützung von Landsleuten und Integration von Studenten. Gerade im Zeitalter der Globalisierung, der zunehmenden Uniformität gewinnen diese Initiativen vermehrt an Bedeutung. Mit seinen vielfältigen gesellschaftlichen und kulturellen Aktivitäten - Besichtigungsprogrammen, Diskussionsabenden, dem Ball der Oberösterreicher in der Bundeshauptstadt - ist der Verein ein lebendiger Teil Oberöster-reichs in Wien.
Trotz elfjährigen Lebens und Arbeitens in Wien bleibt Oberösterreich meine Heimat, hier bin ich im persönlichen und familiären Bereich fest verwurzelt. Und auch aus der Ferne beobachte ich laufend die gesellschaftlichen, wirtschaftlichen und kulturellen Aktivitäten, denn dieses dynamische Land ist und bleibt Mittelpunkt meines Interesses.

Brita Steinwendtner
ROTE LACKN

Rote Lackn nennen die Kinder den Teich im hohen Tal
unter den Bergen.
Rot ist das Wasser in der Hitze des Sommers.
Rot unter dem Eis in den Monaten der kurzen Sonne.

Sogar im schönsten Spiel meiden die Kinder den Ort. Nicht an seinem Wiesenufer waschen sie das Stechen des Heus von der brennenden Haut, nicht im Schatten seines Haselgebüschs suchen sie Versteck und verbotene Berührung. Kein Kiesel versinkt im Kreis. Keine Schlittschuhe kratzen Linien im gebrochenen Spiegel des ansteigenden Eises.

Nur Fremde kühlen ihre Füße im Teich, wund von langer Wanderung entlang den Markierungen von Nord nach Süd, von Ost nach West. Sie wissen nichts von den Marschschritten des Heeres, nichts von den Galgen, den Schwertern, dem Messer, dem Schrei. Rote Spuren durch die Jahrhunderte.

Ich war ein Kind, das nicht in der Roten Lackn spielte. Ich war ein Kind, das Angst hatte.

Noch bevor ich den Schulweg ging durch die Wiesen am Teich, hörte ich die Erzählungen aus der Zeit der Bauernkriege, der Konfessionskriege, der Eroberungskriege, der Vernichtungskriege, der Rassenkriege. Der Kriege. Da drüben hat man sie gehängt, die Rädelsführer, auf dem Hügel über der Roten Lackn.
Da hingen sie.
Da hängen sie.

Da schnitt eine junge Frau ihren Liebsten vom Seil und stach ihrem Kind das Messer ins Herz und stach es in ihr eigenes. Und über Nacht war der Teich rot.

Die Wege queren die Hänge. An der Nordseite, wo der Schnee lange liegt. An der Südseite, wo die reicheren Höfe stehen. Gewundene Wege über die Hänge hin, hinaus, hinab, den grünen Fluß entlang, der sich aus den Karsthöhlen des Gebirgsstockes speist.

Weg durch Gehöfte, durch Dörfer, Märkte, durch die Stadt. Weg durch Wälder, Wiesen und Felder, vorbei am Narrenturm, entlang der Schienen, der getriebenen Räder, der Kanäle, der Schmieden, der Fabriken. Weg der Menschen, der Erinnerungen, die erwachen, wenn man sie totsagt.

Weg der großen Geschichte und der kleinen Geschichten.
Weg durch die Talschaft.

Lose in die größeren Streuhöfe eingebunden, stehen sie oft ein wenig abseits, die meist nur zwei- oder dreizimmrigen Häuser mit den kleinen Fenstern. Sie sind den Alten zugedacht, wenn der Hof an die Jungen übergeben ist. „Austraghäusl" nennt man sie im Tal der Roten Lackn.

Aus-tragen, etwas zu Ende und fertig. Die gichtigen Glieder, die gekrümmten Rücken, das Kommen und Gehen, die Zeit, die zerreißt wie der Faden der immer dünner werdenden Tage. Austragen das Lied und das Leid eines Lebens.

Ein Koffer stand in unserem Austraghäusl über dem roten Wasser. Rauhleder, abgegriffen. Nicht groß. Ich ließ ihn in seiner Ecke. Ich mied ihn. Ich vergaß ihn. Einmal, viel später, irgendwann, stand das vergessene Bild vor mir: der Tränenblick meiner Mutter, als die das Köfferchen zwischen zwei alten Matratzen im Mansardeneck versteckte.

Schatten berühren die Mitte der Erde.
Die Türklinke aus Holz ist eckig.
Von draußen der ferne Strahlton des Brunnens.
Verlorene oder erdachte Fährten.

Es kam, wie es war bei vielen. Die Briefe meines Vaters. Eines Vaters. Gefallen in den Nebeln eines Novembers im großen Krieg. Im Glauben an ein Feld der Ehre, an einen Gott, einen Führer, einen Sieg. Die Briefe eines Toten und derjenigen, die ihn liebte. Eine Geschichte, die oft geschrieben wurde. Es ist nicht diese Geschichte. Aber der Satz einer jungen Frau. Im letzten Brief, der ungeöffnet zurückkam ins Austraghäusl an der Roten Lackn. Mit dem roten Stempel Gefallen für das Vaterland. Der Satz:

....wann ist es endlich genug?

Sie starb nicht am Messer, aber still nach Jahren, ließ zwei Kinder als Waisen.

Ja, es ist Frieden, schon lange.
Und ich gehe unbehelligt die Wege entlang an den Hängen der Talschaft, kehre da ein und dort, im Jetzt und im Damals, und die Tage sind wie alle.

Das Rot sickert sanft durch das Leben.

Karl Büche
INTERVIEW

Was verbinden Sie mit Oberösterreich?
Oberösterreich ist die Heimat meiner Eltern und seit bereits 27 Jahren auch meine neue Heimat und die meiner Kinder.

Was assoziieren Sie mit Oberösterreich?
Oberösterreich ist mit seiner begeisternden Landschaft - dem Mühlviertel, den idyllischen Seen und seinen Berg- und Hügellandschaften ein Naturjuwel Österreichs und als Golfspieler genieße ich jede Stunde, die ich auf einem der wunderschönen Golfplätze verbringen kann.

Außerdem zeichnet sich Oberösterreich aus durch seine Lage im Herzen Österreichs. Ich persönlich empfinde Oberösterreich als eine wirtschaftlich sehr pulsierende Region - es ist die Heimat vieler „Weltunternehmen" und handelt sehr europaorientiert.

Die Menschen hier führen einen erfolgs- sowie umweltorientierten und disziplinierten Lebensstil. Ich schätze ihren Fleiß, ihre Offenheit und Hilfsbereitschaft, sowie die Gemütlichkeit und Geselligkeit - zum gegebenen (richtigen) Anlaß.

Es fällt mir leicht, stolz zu sein - auf Land und Leute.

Kurz - Ihr persönliches Lebensgefühl ...
Wohlbefinden und Lebensfreude.
Mein persönliches Motto: Egal was du tust, mach es mit Begeisterung!

Franz Stelzhamer
DIE DORFSCHULE

Die Osterfeiertage waren vorüber. Mit ihnen auch die für jung und alt so köstliche Unterhaltung mit den roten Eiern. Ohne Zweifel schlugen die Finken auf den Bäumen und schmetterten die Lerchen über dem grünen Saatfelde; zuversichtlich blühte das blaue Veilchen, das weiße Glöckchen und die gelbe Schlüssel - und Butterblume; ganz gewiß summte Biene und Maikäfer um die Wette auf dem blühenden Kirschbaum und war überhaupt die gesamte Frühlingspracht und Frühlingswonne in schönster, untadelhaftester Ordnung - o, gewiß, gewiß! Aber dafür hat das geborene Dorfkind keine besondere Empfindung, geschweige Empfindsamkeit. Es kommt so, kommt von selbst so, muß so kommen, und so wird es auch genommen. Kommt ja auch später Hagel- und Donnerwetter, der tote Herbst kommt, dann gar der kalte und trotzige Winter, und man darf auch nichts sagen, auch nichts einwenden. Der liebe Gott hat das nun einmal so eingerichtet, und darum ist es recht und gut.
So war es immer, so ist es auch heuer. Nur für den kleinen Fritz war es heuer anders. Neben der wonnigen Frühlingspracht stand auch ein ungeheures, schauerliches Ereignis vor der Tür. Schon voriges Jahr hätt'es sein sollen und ist auf mütterliche Fürbitte wegen des Knäbleins Imbezillität und Scheue verschoben werden, aber heuer muß es sein, er ist nun schon sieben Jahre vorüber, es ist die höchste Zeit, Fritz muß - in die Schule gehen! Das ist das ungeheure, schauerliche Ereignis. Warum ungeheuer, warum gar schauerlich? wird gleich erklärt werden. Fritz war noch nie anders als an der Hand der Mutter außer Dorf gegangen oder nur in eine fremde Stube getreten, und nun sollte er allein in die große, feierliche Schulstube eingehen, neben wildfremden Kindern sitzen und vom Schullehrer - er hatte ihn schon öfters gesehen -

mit dem stockfinsteren und pockennarbigen Gesichte, mit der entsetzlichen, fast donnerähnlichen Stimme und mit schwirrenden Haselstäbchen in der Hand allerlei Schweres, schier unbegreifliches Zeug lernen. Seht - das ist das Schauerliche und Ungeheure zugleich.
Allein mußte es geschehen, und darum geschah es auch. Das sonst weiche Mutterherz - aus Liebe zum Kind - erhärtete, des Bübleins Tränen flossen zum ersten Male umsonst, und sein Sträuben - er erkannte es am ernsten Gesichte des Vaters - hätte ihm Züchtigung zugezogen. - Da war es, wo Fritz den ersten Vorgeschmack von dem sauren Muß schmeckte, die erste peinvolle Empfindung von der unerbittlichen, unbegreiflichen Notwendigkeit empfand. Diese Empfindung für ihn war aber so groß, so erschütternd und vorahnungsvoll, daß mit einem Mal seine Träne stockte, seine Klage verstummte und daß er sich plötzlich wie überwältigtes Vieh von der Mutter, die ihren Liebling begleitete, nach der ziemlich entfernten Schule treiben ließ. Jetzt war er darinnen, die Tür hinter ihm zugemacht, die Mutter verschwunden und vor ihm der gewaltige Schulmonarch. Das ABC-Täfelchen in der einen, das Filzhütchen in der anderen Hand stand er einige Sekunden regungslos, leblos, wenigstens vollkommen empfindungslos. Horch, da ertönte erst ein leises Gezisch und schlug bekannt und freundlich wie sein Name - Fritz, Fritz Blasewitz - an seine Ohren, dann aber fuhr es wie ein Höllendonner mitten durch das Gezisch, und sieh, der Donner klang wieder wie sein Name - Fritz Blasewitz - ja ja, nicht anders. Das weckte ihn aus seiner Betäubung. Plötzlich sah und hörte er und fühlte sich seiner mächtig. Er sah jetzt zu seiner Verwunderung und Freude, daß mehrere schon größere Dorfbuben mit freudigen Augen nach ihm blickten, und hörte jetzt deutlich, daß das Donnern weiter nichts war als die wohl etwas laute, aber gar nicht unfreundliche Frage des Schulmeisters: ob er, wie sich seine Nachbarskinder zuzischelten,

der Fritz Blasewitz sei? - Ja, sagte dann das Büblein leise, leise, aber es nickte dazu stark mit dem Kopfe, so daß es der Schulmeister schon doch für eine genügende Antwort nehmen konnte und auch wirklich nahm. Darauf hieß er ihn in eine Bank setzen, und Fritz setzte sich oder vielmehr ward von vier nach ihm langenden Händen gesetzt, und als er jäh aufblickte, wo saß er? - Mitten zwischen seinen zwei nächsten Nachbarskindern und besten Kameraden, dem Thomas Jenißl und Michael Borger. Nahe und gleich hinter ihm sah er dann den Martin Senzenberger, den Joseph Pick und noch mehrere Buben von Ober- und Unterdorf; und auf der Mädchenseite des Molharts schwarzäugige Anna Zweimüller, die blatternarbige Theresia Paninger, die Juliana Rauscher mit dem weißen Haar, die sommersprossige Apollonia Ganglmaier, ach, eine Menge, Menge Kinder aus dem Dorf! Alle winkten ihm, die Mädchen wie die Buben, mit den Augen zu und lachten ihn freundlich an. Eine ungeheure Last fiel ihm vom Herzen. Er fühlte sich zu einem fast endlos langen und tiefen Atemzug ermächtigt, der ihm überaus wohltat und gleichsam sein Herz erfrischte.

Franz Tumler
SÄTZE VON DER DONAU

Und sah Japan auf dem Globus
auf seiner tiefblauen Seite
und sah auf seiner andern mit Namen bedeckten Seite
die Donau als kleinen Faden winzigen Baum
mit Verzweigungen ihrer Nebenflüsse

Nahm das Vergrößerungsglas und vergrößerte die Donau
sah nun auch ihre Mündungsarme wie Verzweigung von
Wurzeln eines zweiten Spiegelbildbaumes für den größeren
aus Flüssen eingesogenen Baum der mit feinen Wipfelzweigen
heraufrauschte durch Trockenheit und gelbe Luft
in ein Stockwerk grüner Gebirge auf das der Großvater
zeigte und sagte

da hier da sind wir

Vergrößerte den Punkt auf den er zeigte
vergrößerte die Namen: den Namen unserer Stadt
fuhr mit dem Dreieckdschungel ihres Deltas die Namen
ihrer 3 Mündungsarme

Chilia Sulina und St. Georgs-Arm

Mit denen es aufhörte: Brege und Brigach und etwas
fließt ab in den Rhein von Ulm an ist sie schiffbar
in Passau vereinigt sie sich mit Inn und Ilz
geht eng durch grüne Gebirge und mit Verzweigungen
durch Ebene rauscht über das Kachlet bei Aschach
dreht sich bei Grein in den Strudel

liegt wie ein vieläderiges Blatt auf dem geometrischen
Reißbrett von Straßen und gelben Weizenfeldern
mit dem sie an Wien vorbeigeht

und in der schon etwas von ihrem Ende ist:
Pannonien und Pontus trockene Luft Kreuzottern und
pannonische Flora wie es gleichermaßen auch heraufweht
an ihren oberen Lauf schon bei Regensburg ist
in dem Auenfächer und Mergelwand-Ufer
mit Pestwurz weißer Distel und staubigem Laub
oder Lehmhaut auf der runzeligen Schlangenhaut der Blätter
oder haarige Hummelhaut wenn das Hochwasser abtrocknet
oder gläserne Libellenhaut weißtrübes Wasser

Hans Dieter Mairinger
DIE VIER VIERTEL

Aus Stille, Steinen und aus Mut
wächst hoch im Norden Land,
das dunkle Wasser scheu durchzieht,
durchpflügt von harter Hand.

Im Westen liegt ein fruchtbar Feld
das Land am Grünen Inn
hat Würde und hat Fröhlichkeit,
gibt Menschen Sprach und Sinn.

Im Hausruck wächst viel grünes Gold,
bringt Arbeit und bringt Brot.
Der Bauern Fleiß auf Flur und Feld
vertreibt der Menschen Not.

Ein Land aus Bergen, Seen und Salz,
dem Brauch der Ahnen treu,
erfreut es alle nah und fern,
macht Herz und Sinne neu.

Friedrich Ch. Zauner

EPILOG

Wenn einer über Oberösterreich zu schreiben hat und er ist auf diesem Flecken Erde geboren und er lebt da ...
Das schafft Probleme.
Natürlich, es sind viele Standpunkte denkbar. Man kann sich verschanzen hinter Wissenschaftlichkeit, man kann so eine Plattform für Selbstkritik benützen, oder für Eigenwerbung, für philosophische Analysen ... wie auch immer, das Ergebnis am Ende wird subjektiv sein und, um der Wahrheit willen, subjektiv bleiben müssen.
Wenn derjenige, der über Oberösterreich zu schreiben hat, zufällig auch noch Dramatiker ist ...
Wird er nicht versucht sein, das Effektvolle hervorzuheben? Die Hallstattkultur, die Bauernkriege, die landschaftlichen Gegensätze zwischen Nord und Süd, die künstlerischen Aushängeschilder Bruckner, Stifter, Kubin, die Rauflust der Innviertler, den industriellen Reichtum des Landes, die Mühlviertlerwitze ...?
Er wird.
Verläßlich.
Vor allem aber wird er den Bezug zwischen Landschaft und Menschen deutlich machen, zwischen Geschichte und Charakter, und er wird entschieden der Versuchung widerstehen, sich vor die Bilder zu drängen.
Oberösterreich ist - und ich sage das mit Bedacht - unter den Ländern der Republik ohne Zweifel eines der reizvollsten. Aber das Problem liegt auf einer anderen Ebene: Während Tirol etwa als das Land der Berge gesehen wird, Wien als kulturelles Zentrum oder Charme-Metropole, während Kärnten das Land der Badeseen ist, Vorarlberg die österreichische Schweiz und die

Steiermark halt grün, gibt es für das Gebiet ob der Enns kein Image, das es einigermaßen typisch ausdrückte.
So unvermittelt vor die Frage gestellt: Was ist Ihnen Oberösterreich? - würden viele um eine schnelle Antwort verlegen sein. Mich eingeschlossen.
Um nicht auf ein falsches Geleise zu führen: Oberösterreich hat viele Freunde, viele (im Sinne des Wortes) Liebhaber, und Menschen, die ihre Sache durchaus beredt mit Leidenschaft, mit dem nötigen Engagement vorbringen, es hängt nur eben alles davon ab, auf welchen Teil des Landes sie eingeschworen sind.
Es gibt viele, die ihren Sommer seit Jahren und immer wieder im Salzkammergut verbringen und viele, die mit derselben Treue dem Mühlviertel anhängen und viele, denen es die herbe, schartige Landschaft der Eisenwurzen hinter Steyr angetan hat, und viele, die sich nachgerade ein kommodes, kleines, pflegliches Leiden herbeisehnen, um sich in eines der Bäder begeben zu können und an der bäuerlich-urbanen Atmosphäre der oberösterreichischen Städte gemächlich wieder zu gesunden.
Bis zum nächsten Sommer.
Bis zur nächsten Kur.
All die vielen und unterschiedlichen Liebhaber kommen einander nie in die Quere. Wer Gebirge sucht, bleibt im Süden, wer ursprünglichem und unverdorbenem Land auf die Spur kommen will, hat einen Sauwald.

*

Oberösterreich bietet das alles. Und mehr: Burgen und Schlösser, Klöster mit großer Tradition, Industrieregionen, gelassenes Bauernland seit Generationen geformt, Flüsse, Täler und Seen, uraltes Brauchtum, moderne Infrastruktur und immer noch -

Jungfräuliches, Verborgenes, Unbeachtetes, Geheimgehaltenes, von Kennern eifersüchtig Gehütetes, Schätze, die erst noch zu heben sind. Einmal hat es jemand so ausgedrückt: An einer Dame, die, sagen wir, nicht mit griechischem Profil ausgestattet ist, wird der Charme bewundert, eine zweite hat unwiderstehliche Augen, eine dritte wiederum ist begehrt wegen ihrer fabelhaften Beine. Frau Oberösterreich braucht Augen und Beine nicht zu verstekken, hat Profil und Charme, aber weil nichts von allem wirklich hervorsticht und dominiert, entsteht der Eindruck, als sei nichts besonderes an ihr.

*

Tatsächlich finden sich zwischen Dachstein und Dreisesselberg, zwischen Enns und Inn alle charakteristischen Landschaftstypen Österreichs auf engem Raum. Vielleicht ein Grund, warum manchmal in großsprecherisch- ironischer Laune der Spruch geht, das Land sei mehr als Österreich, nämlich, wie der Name sagt: Ober-Österreich! Ich habe das schon oft sagen hören, aber noch nie jemand getroffen, der das im Ernst gemeint hätte. Bei allem Selbstbewußtsein, Superlative entsprechen dem Charakter der Menschen hier nicht, und man vermeidet es, groß Vergleiche anzustellen. Aber wenn die Wiener ihre Donau besingen - sie fließt auch quer durch Oberösterreich und sie ist kaum irgendwo reizvoller als am Durchbruch bei Vichtenstein, Engelhartszell bis hin zur großen Schlögener Schlinge.
Der Dachstein mit seinen 2995 Metern kann es an Höhe wohl nicht ganz aufnehmen mit den Bergen in Salzburg oder Tirol, aber er ist um nichts weniger schroff, kantig und geeignet für Sagen und Lieder. Ein paar Kilometer weiter nach Osten liegt das Tote Gebirge. Der Hauptgipfel des Massivs, der Große Priel, ist sogar

als „einer der schönsten Berge der Erde" eingestuft worden. Natürlich nicht von den Ansässigen, die haben es, wie gesagt, nicht so mit den Superlativen, sondern von dem seinerzeit berühmten englischen Hochgebirgsmaler Compton, von einem Mann also, dem man auf keinen Fall Lokalpatriotismus vorwerfen kann.

Das Tote Gebirge besteht zum größten Teil aus Dachsteinkalk, das Wasser kann sich auf der zerklüfteten Oberfläche nicht halten, sickert in die Ritzen, sammelt sich in unterirdischen Bächen und laugt ein verzweigtes System von Gängen, Grotten und Höhlen aus. Auf der Oberfläche fehlen Quellen fast völlig, es ist eine Steinwüste entstanden, sperrig und makaber, die nur wenigen höheren Tieren Lebensraum bietet. Der Mensch - und nicht nur heute mit seiner unseligen Chemie - hat das Seine dazugetan, das Gebirge noch ein bißchen „toter" zu machen. So ist etwa im 18. Jahrhundert das Steinwild ausgerottet worden, von den Wilderern, weil der Aberglaube bestand, daß man im Besitz des Herzknochens eines selbst erlegten Steinbockes den „Unfehlbaren Schuß" erlange und - fast noch wichtiger - von keiner Kugel eines Jägers getroffen werden könne.

Das Salzkammergut ist jener Teil des Landes, der schon sehr früh für den Fremdenverkehr erschlossen wurde. Die landschaftliche Schönheit, die Seen, die Höflichkeit der Menschen und die lindernde Wirkung der Solebäder sind es wohl gewesen, die eine gestreßte Wiener Aristokratie veranlaßten, eine Postkutschenreise von dreieinhalb Tagen auf sich zu nehmen, um hier den Urlaub zu verbringen, und als Ischl schließlich sowas wie die Sommerresidenz der alten Monarchie geworden war, erlangte das Salzkammergut endgültig die höheren Weihen der Operette.

Pech nur, daß es auf Grund der Namensähnlichkeit häufig dem Bundesland Salzburg zugeordnet wurde. Und wird.

In Oberösterreich trägt man`s gelassen. Die Einheimischen sind ja auch kaum am Attersee, am Traunsee, am Mondsee anzutreffen,

am Traunstein, in Gmunden, in St. Wolfgang, sie ziehen es vor, ihre Ferien irgendwo im Almtal zu verbringen, im südlichen Innviertel, dem Ibmer Moor oder in der Eisenwurzen - Gegenden, von denen manchmal behauptet wird, „landschaftliche Attraktionen erwartet man vergeblich", aber wenn einer nur das Auto stehen läßt, sich auf seine Füße, auf seine Augen und seine Nase verläßt, kann er sich in Plätze verlieben, die der Vorbeireisende nur mit einem Achselzucken abtut.
Die eingefleischten Genießer solcher Landschaften sind wie die Schwammerlsucher - die ganz guten Plätze verraten sie nicht einmal dem besten Freund!

*

Es mag Leute geben, die der buckligen Welt des Mühlviertels nichts abgewinnen können, die sie langweilig finden, öde, einförmig. Simpel. Adalbert Stifter hat sich ein Leben lang mit dieser Landschaft auseinandergesetzt und ist ihrer nie überdrüssig geworden, hat im Gegenteil immer neue Facetten an ihr entdeckt. „Ich hatte bei meinem ersten Besuche dieses Hochlandes die Bemerkung gemacht, daß es mir stiller und schweigsamer vorkomme, als wenn ich durch andere ebenfalls stille und schweigsame Landschaften zog. Ich dachte nicht weiter darüber nach. Jetzt kam mir dieselbe Empfindung wieder. In diesem Land liegen die wenigen größeren Ortschaften sehr weit voneinander entfernt, die Gehöfte der Bauern stehen einzeln auf Hügeln oder in einer tiefen Schlucht oder an einem nicht geahnten Abhange. Herum sind Wiesen, Felder, Wäldchen und Gestein. Die Bäche gehen still in den Schluchten, und wo sie rauschen, hört man ihr Rauschen nicht, weil die Wege sehr oft auf den Höhen dahinführen."

Es ist ein einfaches Land, das Stifter beschreibt, eine Gegend für den zweiten Blick. Aber vielleicht liegt hier auch schon das Geheimnis, warum der Künstler sich mit besonderer Intensität damit auseinandersetzt: Man ist näher an den Wurzeln.
Eine dem Mühlviertel - und nicht nur erdgeschichtlich - verwandte Landschaft ist der Sauwald, an der Inn-Donau-Ecke zwischen Schärding und Wesenufer.
„Das ist Land, dem man verfallen kann wie einer Frau - oder wie dem Schnaps!"
Alfred Kubin, der sich als junger Mann hier angesiedelt hat und nie mehr losgekommen ist, hat das Urige, das Gespenstische, das Groteske, das Heimliche und Unheimliche, das Besondere, das Seltsame und das seltsam Schöne dieser Gegend in Hunderten von Blättern gezeichnet, und hätte er zwei Leben gehabt, die Motive wären ihm nicht ausgegangen.

*

Daß im Zentrum Oberösterreichs ein massives Industriegebiet liegt, wird dem Durchreisenden kaum bewußt. Irgendwie gelingt es den Straßen, sich daran vorüberzuschwindeln, und anscheinend ist noch genug Gegend übrig, um sich als Puffer dazwischenzuschieben.
Das Land ob der Enns hat seit je gewisse wirtschaftliche Bedeutung besessen. Das Salz - einst wertvoll wie Gold - im Salzkammergut, die Braunkohle im Hausruck, die Holzindustrie im Mühlviertel, die Eisenverarbeitung durch die Hammerwerke, die Nagelschmiede, die Messerer im Ennstal.
Die Großindustrie in Ranshofen, in Steyr, vor allem aber in Linz ist erst ein paar Jahrzehnte alt und ist nicht gewachsen, sondern mehr oder weniger künstlich und strategisch angelegt. Durch die

besonderen historischen Umstände war Linz ja nicht mit derselben Selbstverständlichkeit die Hauptstadt, wie das in anderen Bundesländern der Fall sein mag. Der Süden war auf Grund der Nähe und der Verkehrslage nach Salzburg ausgerichtet, das Innviertel hat bis vor etwa 200 Jahren zu Bayern gehört, und auch das Mühlviertel ist erst so stark nach Linz orientiert, seit die Grenze im Norden hermetisch geschlossen ist und sich für viele in den Großbetrieben jenseits der Donau die einzige Arbeitsmöglichkeit bietet.

Wenn man sich, an einem milden Sommerabend etwa, auf einem Schiff von Aschach her Linz nähert, zur Linken den Pöstlingberg und seine unverwechselbare Kirche, rechts die Altstadt mit dem Schloß, die Lichter spiegeln sich in der Donau, dann bietet sich das Bild einer stillen, verträumten Stadt. In Wirklichkeit und bei Licht betrachtet ist Linz alles andere als romantisch.

Da gibt es zwar einen eindrucksvollen Hauptplatz, aber im allgemeinen fädelt sich die Stadt links und rechts um eine einzige Straße auf, die zu allem Überfluß noch Landstraße heißt. Selbst die eingefleischtesten Anhänger würden Linz nicht gerade als Perle unter den Städten bezeichnen. Dazu ist die Belastung der Luft durch die Emissionen der Industrie hier besonders groß. Wenn vom guten Linzer Klima die Rede ist, ist das politische gemeint, die unaggressive Weise, wie man ideologische Gegensätze austrägt. Die Luft ist manchmal dick vom VOEST-Staub oder riecht, je nach Windrichtung, einmal nach den Düngemitteln der Stickstoffwerke oder nach dem Kaffee der Nestle-Firma Franck-Kathreiner.

Trotzdem, irgendwo trifft Helmut Qualtingers ironischer Spruch „In Lintsch müsschte man sein!" den Kern: Im Gegensatz zum Wiener oder Salzburger, der Linzer schimpft nicht über seine Stadt. Und er hat noch eine Eigenschaft, der Linzer, die ihn auszeichnet, er ist vermutlich der einzige Großstädter, der draußen auf dem Land sich nicht als das Maß aller Dinge empfindet. An

Werktagen trifft man sich - Zwettler, Eferdinger - als Arbeitskollegen oder in einem der unzähligen Geschäfte und Märkte beim Einkauf, und abends trifft man sich wieder oder an Wochenenden, in Zwettl, in Eferding bei Grammelknödeln und Geselchtem.
Es gibt keine hauptstädtische Überheblichkeit der Linzer. Liegt es daran, daß ursprünglich eigentlich Wels die Metropole des Landes ob der Enns sein sollte? Liegt es daran, daß das religiöse Zentrum des gesamten Gebietes bis weit ins Niederösterreichische hinein durch die Jahrhunderte das bayerische Passau gewesen ist? Liegt es an der eigenbrötlerischen Sturheit der Inn-, Mühl-, Traun-, Hausruckviertler, die sich so gar nicht gern zentral regieren lasssen mögen? Oder liegt es am friedfertigen Charme der Linzer? Wer kann das sagen ...
Linz ist eine wirtschaftlich potente Stadt, daran ist nicht zu zweifeln, ist eine nützliche Stadt und setzt zwischen Neuer Galerie, „ars electronica", Brucknerfest und dem Wettbewerb „Literatur zur Arbeitswelt" am Jägermayrhof kulturelle Akzente, die österreichweit und über die Grenzen hinaus zur Kenntnis genommen werden.

*

Im Jahre 1521 starb der Eisenhändler Hans Brandstetter. Er besaß in Steyr sechs Häuser samt dem Stadtbad, in Steyrdorf ebenfalls sechs Häuser, zwei Bauernhöfe mit Wiesen und Gärten, ein Haus in Eferding, den Edelsitz Ramingdorf und das Amt Oehling.
Ich erwähne das nicht, um zu dokumentieren, daß ein reicher Eisenhändler sich in halb Oberösterreich ankauft, nur nicht in Linz, warum ich das zitiere: bürgerlicher Wohlstand und ein Quantum Repräsentationsbedürfnis scheinen mir den Charakter

der Städte ob der Enns zu prägen.
Obwohl die geschichtliche Entwicklung gar nicht so parallel verlaufen ist, haben Freistadt, Enns, Schärding, Hallstatt, Steyr, Braunau, Obernberg sehr viel Ähnlichkeiten. Wie die Hühner auf der Stange drängen sich die Häuser im Stadtkern dicht aneinander, versuchen einander zur Seite zu rempeln, mit einem Erker ein bißchen Platz zu stehlen, mit der Fassade noch ein wenig mehr zu prunken. Die Gassen hinter den attraktiven Stadtplätzen sind eng, verwinkelt, oft kaum ochsenkarrenbreit, holperig, Mauern springen vor, bilden Nischen, tanzen ständig aus der Reihe, als hätten die Baumeister seinerzeit die Häuser nicht mit Winkel und Lot, sondern nach dem Augenmaß errichtet. Und Augenmaß - in anderem Sinn - ist es wohl auch, was uns an diesen alten Städten immer noch so sehr beeindruckt. Auch dem reichsten Eisenhändler wäre es nicht eingefallen, ein Bauwerk hinzusetzen, das in Form, in Größe, an Geschmack, in Höhe den Rahmen sprengte und dadurch vielleicht das ganze Ensemble zerstörte. (Manchen heutigen Architekten, wenn sie ihre Fabriks-, Hotel-, Banken-, Versicherungsungetüme in die Geografie betonieren, wäre wohl ein wenig von diesem Augenmaß noch zu wünschen!)
Was die oberösterreichischen Städte auszeichnet, ist ihre Sinnlichkeit, ihre Nestwärme, ihr Humor, ihre Freude an der Buntheit, und die Fähigkeit der Bewohner, das Nützliche mit dem Schönen und das Schöne mit dem Nützlichen zu verbinden.
Wir wissen nur über sehr vieles nicht mehr so genau Bescheid, aber jedes, scheinbar noch so verspielte Detail, jedes Bild, jedes Ornament hat seine Geschichte und seine ganz bestimmte Bedeutung.
Da gibt's in Schärding am unteren Stadtplatz gegenüber dem Rathaus ein Fresko, das zwei Männer darstellt, denen Holzpfähle aus den Augen wachsen. Die Bildunterschrift klärt auf: „Heuchler! Zieh zuvor den Balken aus deinem Auge, dann magst du sehen, wie du den Splitter aus deinen Bruders Auge ziehst."

Bibelfeste Leute, die Schärdinger - könnte man meinen ... In Wirklichkeit ist das ein Trutzbild und verdankt seine Entstehung einem Konflikt des Hausbesitzers mit dem „Löblichen Magistrate". Aus Rache für ungerechte Behandlung hat der Hausherr dieses Sujet malen lassen, und der Ratsherr in seiner Amtsstube genau gegenüber hat zu seinem Ärger und zum Spott der Schärdinger ständig sein Konterfei als Heuchler vor der Nase gehabt.
Aber gegen die Kunst und die Bibel war selbst die hohe Obrigkeit machtlos.

*

Treffen einander ein Mühlviertler und ein Burgenländer. Fängt der Burgenländer an zu lamentieren: „Diese Wiener", sagt er, „ewig reißen sie Witze über uns."
„So wie die Linzer über uns", stimmt der Mühlviertler bei.
„Aber unsere Häuser kaufen sie auf."
„Genau."
„Und die Ferien verbringen sie bei uns."
„Genau."
„Unsern Wein trinken sie und im Sommer kommen sie zu Tausenden zum Wasserskifahren am Neusiedlersee."
„Am Neusiedlersee?"
„Ja. Das ist der große See an der ungarischen ..."
„Das weiß ich schon", sagt der Mühlviertler, „aber ich habe nicht gedacht, daß der so steil ist." ---
Was den Deutschen die Ostfriesenwitze, was den Wienern die Burgenländerwitze, das sind Linzern die Mühlviertlerwitze. Vor einigen Jahren sind sie ganz urplötzlich aufgekommen, sie werden bei jeder möglichen und unmöglichen Gelegenheit zum besten gegeben, es scheint einen unerschöpflichen Vorrat davon

zu geben, und sie wirken am lustigsten natürlich dann, wenn ein Kirchschlager, ein Pregartener oder ein Gramastettener mit am Tisch sitzt.
Ich kenne nun, darf ich sagen, ausreichend Mühlviertlerinnen und Mühlviertler, und ich habe nichts an ihnen gefunden, was sie für Witze besonders prädestinierte.
Es sind gerade, verläßliche Menschen, ehrgeizig, knorrig, Menschen, die sich in ihre Sache verbeißen können, zäh wie der Boden, mit dem sie verwurzelt sind, sparsam, fleißig ... Was auch immer sonst sie noch sein mögen, komisch sind sie nicht. Auf keinen Fall komischer, als die Bewohner irgendeines anderen Landesteiles.
Als der liebe Gott fertig gewesen ist mit der Erschaffung der Erde, hat er gesehen, daß ein Haufen Steine übrig geblieben ist, und er hat seine Engel angewiesen, diese Steine in einen Sack zu pakken und im tiefen Meer zu versenken. Aber während die Engel eben die Donau nach Norden überflogen haben, ist heimlich der Teufel gekommen und hat den Sack mit seinem langen Messer aufgeschlitzt, so daß alle Steine herausgefallen und übers ganze Mühlviertel verstreut sind. Und wirklich, es ist ein harter, ein „steiniger“ Boden an der Gusen, an der Rodl, an der Mühl, der es den Bauern schwer genug macht, ihm jedes Jahr die oft karge Ernte abzuringen. Das kann der liebe Gott nicht so im Plan gehabt haben, also muß es, der Legende nach, der Teufel gewesen sein, der für die Erschaffung des Mühlviertels verantwortlich ist.

*

Der eigentliche Oberösterreicher, der Kernoberösterreicher, und so fühlt er sich auch, ist der Traunviertler. In diesem Gebiet sind die geschichtlichen Wurzeln des Landes zu suchen. Die Hall-

stattkultur ist den Historikern überhaupt eine der wichtigsten Quellen für die vorchristlichen Jahrhunderte. Die ersten Funde machte ein Bergrat mit dem Namen Johann Georg Ramsauer im Jahre 1846. Er schrieb in seinem Protokoll: „Der Verfahser kamm... zur Aufdeckung eines noch unbekannten Leichenfeldes, und zwar damit, das er hierauf in seinem Beisein mit aller Sorgfalt einen Flächenraum von vier Quadratmetern aufgraben liehs, womit er so glücklich war, sieben Skelette mit einigen Schmucksachen zu treffen, und sich zugleich auch, durch die Lage der Skelette, alle in ziemlich gleicher Richtung, das Gesicht gegen Sonnenaufgang gewendet, gestreckte Lage des Körpers, die Hände nach dem Leib oder an die Brust gelegt, einen ordentlichen Begräbnisplatz erkennen liehs."
In der Folge wurden dann 2000 Gräber freigelegt, und eine Unzahl von prachtvollen Grabbeigaben läßt ein anschauliches Bild jener frühen Besiedelung entstehen.
In der sogenannten „Hallstattzeit" waren Illyrer die Träger der Kultur, um 400 vor Christi wanderten die Kelten im Salzkammergut ein, und in den folgenden Jahrhunderten geriet das ganze Gebiet bis an die Donau unter römische Herrschaft.
Die Römer errichteten die Kastelle Lauriacum (Enns), Lentia (Linz) und machten Ovilava (das heutige Wels) zur Hauptstadt der Provinz Noricum.
Nach der Völkerwanderung begann die Kolonisierung und Christianisierung des Gebietes von Bayern aus. Klostergründungen folgten. Darunter als erstes das Benediktinerkloster Mondsee 748, 777 Kremsmünster, und später viele weitere, Garsten, Schlierbach. Und St. Florian, das in der heutigen Form ein Neubau aus dem 17. und 18. Jahrhundert ist. Alle diese Klöster und Stifte, übers ganze Land verteilt, waren die geistigen und kulturellen, die religiösen und gesellschaftlichen Zentren. Von ihnen gingen entscheidende Impulse aus, sie prägten Geschmack, sie waren für Entwicklung und Fehlentwicklung mit-

verantwortlich, ihre Spuren finden sich tief eingeprägt im täglichen Leben der Menschen dieser Zeit.
„... jetzt glaubt er die fußfällige Bitte wagen zu dürfen um hochgnädige Befürwortung zur allerhöchsten Verleihung der Aufnahme in die Hofkapelle als Hoforganist oder als überzähliger unbesoldeter Vize-Hofkapellmeister. Im letzten Falle wäre der Titel sowie die Zukunftshoffung hinreichend, ihm ein nötiges Einkommen zu sichern. Ueberdies ist er im Kanzleifache sowie als Hauptschullehrer zu verwenden, da er 14 Jahre als Lehrer zugleich gedient hat ...
Der ehrfurchtsvoll Gefertigte ist anno 1824 zu Ansfelden in Oberösterreich geboren, war bis 1855 Lehrer und Stiftsorganist von St. Florian, ist seither Domorganist in Linz."
Die verschnörkelte Fußfälligkeit, die ehrfurchtsvolle Devotion, die Hierarchie, die bedrückenden, ornamentalen Formen der Unterordnung, das alles hat seine Wurzeln in einer mönchischen Denk- und Lebensweise. Gleichzeitig - und man muß es im Zusammenhang sehen - lag darin aber auch die Chance, daß der Dörfler, der Hinterwäldler, der Sohn eines kleinen Schulmeisters aus Ansfelden zum großen Anton Bruckner werden konnte.
Was Bruckner mitgebracht hat, abgesehen von seinem Talent, war menschliche Ehrlichkeit, Bescheidenheit, eine Religiosität, die Pfarrer beschämte, eine naive, ganz simple Bäuerlichkeit, alles Eigenschaften, die ihn zu einer Provinzgröße prädestinierten. Er war ein Mann, für den Wien bereits exotisch wirkte; daß er Musik komponieren konnte, und ohne seine Wurzeln je zu verleugnen, die über die Grenzen und über die Zeit hinweg Geltung hat, ist ein Beweis für das hohe Niveau des kulturellen Umfelds, in dem er lebte.
Man ist gewohnt, Kultur immer im Zusammenhang mit Macht, mit Privilegien, mit Besitz zu sehen. Aber so wie der Reichtum von Staaten nicht durch die Tüchtigkeit einiger weniger zustandekommt, sondern die Summe der Arbeit der Vielen ist, so stellt

Kultur in Wirklichkeit ein geistiges Bruttosozialprodukt dar, und man kann ihr in feinen Verästelungen in allen Bereichen einer Gesellschaft nachspüren. Es ist nicht so, daß die Genies die Völker begabt machen, umgekehrt vielmehr muß ein Volk begabt sein, um ein Genie hervorbringen zu können.

*

„Der Landler, der Bandler!" heißt es und: „Der Landler hat's faustdick hinter den Ohren!" - Was sagen will, daß der Hausruckviertler ein Kleinigkeitskrämer sei, daß er sich harmlos und zugeknöpft gebe, daß er aber im rechten Moment entsprechend aus sich herausgehen könne.
Ein Blick in die Geschichte klärt dieses Bild auf.
Das Hausruckviertel war jenes Gebiet, in dem sich gewisse Gegensätze besonders kraß ausgebildet haben. Auf der einen Seite die Herren, Großgrundbesitzer, Landgrafen, Pfleger, die rücksichtslos ihre Interessen vertraten, auf der anderen Seite das Volk, größtenteils leibeigen, arm, rechtlos. Ein geeigneter Nährboden für das aufrührerische Gedankengut der Reformation. Das Hausruckviertel war demnach auch der Ausgangspunkt für die Bauernkriege im 16. Jahrhundert, und es ging von Anfang an weniger um die neue lutherische Religion als um den verzweifelten Versuch, eine gerechtere soziale Ordnung zu erkämpfen. Ein Versuch, das mußte man wissen, der zum Scheitern verurteilt war, wenn man sich die Haufen der abgerackerten Bauern, die oft nur mit Sensen, Dreschflegel, Hacken ausgerüstet waren, vorstellt, gegenüber den schwerbewaffneten Soldaten der Grundherren. Ein Aufstand aber, der umso verzweifelter und erbitterter geführt wurde, als er Menschen betraf, die im Grunde nichts mehr zu verlieren hatten.

Noch vor ein paar Jahrzehnten ist in jeder Wirtsstube im „Landl" ein Bild gehängt (in vielen findet man es heute noch), auf dem das „Frankenburger Würfelspiel" dargestellt ist.
Nach der Niederlage der Bauern hat Graf Herbersdorf mit „all seinem Volke als 50 Reitern und 1200 Musketieren" die Geschlagenen, „wohl über 5000 Mann" vor der Linde auf dem Haushammerfeld zusammengetrieben. Er hat ihnen erklärt „wasmaßen sie alle das Leben verwirkt", daß er aber „zu Gnaden wolle dem halben teil das Leben schenken solchergestalt, daß allerwegen zween miteinander um das Leben spielen sollen. Der verliert, sol henken." Also ist ein schwarzer Mantel auf dem Boden ausgebreitet worden, und je zwei Männer mußten miteinander würfeln. 17 Menschen haben auf diese Weise buchstäblich ihr Leben „verspielt" und sind vom „Freimann gebunden und an den genannten Ort (Frankenburg, Vöcklamarkt und Neukirchen) gehenkt und am folgenden Samstag vom Stricke herabgelassen worden."
Eine der bittersten Szenen wohl in der Geschichte des Landes, und wie man es dreht und wendet, ein Bild der Niederlage. Und charakteristisch, daß der Hausruckviertler sich diese Szene für seine Selbstdarstellung ausgewählt hat. Das Großtuerische, das Heldische würde nicht zu ihm passen, er nennt ja sogar seine Heimat im Diminutiv 's Landl, also das Ländlein. Das Ländchen.

*

Da ist der Innviertler schon ein bißchen auftrumpfender.

Frei redn und hoch singa,
schnell fahrn und schwar trinka,
treu liabn und fest wehrn -
so habns d'Innviertla gern!

Der jüngste Landesteil ist erst 1779, nach dem Frieden von

Teschen, zu Österreich gekommen. In Wien hatte man sich vom Teschener Frieden mehr Gebietsgewinne im Westen erhofft, so hat Joseph II. nach einem Besuch des Innviertels an seine Mutter Maria Theresia geschrieben:
„Es ist ein winziger Gegenstand, wenn man daran denkt, was vielleicht hätte gelingen können; aber an und für sich ist dieser Landstrich schön und gut und für Oberösterreich sehr gelegen."
Daß man das Innviertel nur deshalb geholt hat, damit aus einem Drei-Viertel-Land endlich ein ganzes wird, ist natürlich nur ein Witz - Oberösterreich war vor 1779 in Traunviertel, Hausruckviertel und in ein oberes und ein unteres Mühlviertel gegliedert.
Die Loslösung von Bayern fiel den Bewohnern der Bezirke Braunau, Schärding, Ried nicht ganz leicht. Die neue Nachbarschaft stellte kein Problem dar, man war über den Hausruck längst hin und zurück vielfach verschwägert und verbrüdert, aber die Innviertler konnten sich nur schwer an den Wiener Zentralismus und an die österreichische Bürokratie gewöhnen. Nach bayerischem Brauch war es ihre Art, die Dinge nach Möglichkeit selbst zu regeln, am Tisch und mit Handschlag, oder auch mit den Fäusten, wenn es sein mußte.
Und es mußte oft sein!
Die Innviertler hatten einen fürchterlichen Ruf als Raufer. Wenn man sich die Ochsenziemer, die Weichselstecken, die Schlafringe, die Bleikugeln, liebevoll mit Rasierklingen und Hufnägeln gespickt, all das Raufwerkzeug, das in den Heimathäusern in reichem Sortiment gesammelt ist, wenn man sich die Schlachten vor Augen hält ... Es müssen schon harte Schädel gewesen sein, die das überstanden haben!
„Fest wehrn..." heißt es im Lied, und nach glaubwürdiger Überlieferung haben die Innviertler oft genug gleich selbst mit dem Wehren angefangen.
Nun, die Zeit der „Zechen" (dieser dörflichen, kampflustigen Burschenvereinigungen) ist vorbei, ein bißchen was aber von dem

aufbrausenden Eigensinn ist in den Leuten immer noch lebendig. Ich und mein sind die bevorzugten persönlichen Fürwörter, und da ist kein Hintergedanke dabei, wenn einer etwa sagt: „Meine Bäuerin", „mein Boden" und: „Meine Luft" oder: „Mein Schnee" ... Was sich so rauhschalig gibt, ist im Kern oft sehr empfindsam und humorvoll. Der Innviertler sitzt auf einem satten Boden, er ist gewohnt hart zu arbeiten und gut zu ernten, und er nimmt sich Zeit, ausgiebig zu feiern. Die Festtage, die Hochzeiten, die Begräbnisse, die Jubiläen, die Ehrungen verdienter Frauen und Männer, das sind Ereignisse, die in alter Weise zelebriert werden und an denen die Bevölkerung echt Anteil nimmt.
In diesem Gebiet hat es nie wirklich Landflucht gegeben. Wenn irgend es möglich ist, bleibt der Innvierler an seinem angestammten Platz, bei aller Neigung zu Eigenbrötlerei sucht er die Nähe, die enge Nachbarschaft, vielleicht manchmal auch nur, um sich mit ihr in hartnäckige, langwierige, sture Zwistigkeiten um Lapalien zu verwickeln.

*

Oberösterreich ist kein Land für die kurzen Attribute. Es erklärt sich nicht aus seiner Geschichte. Zuviel und zu Unterschiedliches steht nebeneinander.
Oberösterreich ist nicht das Salzkammergut, ist nicht Linz, ist nicht Kleinbayern, ist nicht Bruckner und Stifter, ist nicht die VOEST, ist nicht Kraut und Geselchtes.
Ein Schärdinger, der im Zweiten Weltkrieg in amerikanische Kriegsgefangenschaft geraten war, wurde vor einen hohen Offizier des CIC zitiert, von diesem zur Rede gestellt und angeschnauzt, ob er denn nicht wisse, vor wem er stehe und wer er sich einbilde zu sein. Darauf der Schärdinger: „I bin a Innviertler

- und wer Se san is mir wurst!"
Ob die Szene sich wirklich so zugetragen hat, ob sie wahr ist oder nur gut erfunden, sie trifft auf jeden Fall einen Kern: Das Selbstbewußtsein der Menschen und ihren regionalen Stolz. Die Leute ob der Enns fühlen sich in zweiter Linie als Oberösterreicher, in dritter Linie als Österreicher, sie betonen die gutnachbarschaftlichen Beziehungen nach allen Seiten hin, aber in erster Linie sind sie Mühlviertler, oder Linzer, oder Steyrer, oder Eferdinger, oder Mondseer, und wenn vielleicht zu merken ist, daß dieser Text von einem Innviertler geschrieben wurde ... auch recht!

ALPHABETISCHES AUTORENVERZEICHNIS

Käthe Recheis
Johannes Riedl
Franz Rieger
Franz Rohrhofer
Martina Salomon
Christian Schacherreiter
Johannes Schasching
Ludwig Scharinger
Werner Schöny
Margit Schreiner
Brigitte Schwaiger
Waltraud Seidlhofer
Kerstin Silmbrod
Stefanie Silmbrod
Helmut Sohmen
Bernhard Steidl
Brita Steinwendtner
Franz Stelzhamer
Adalbert Stifter
Heide Stockinger
Peter Strahammer
Leo Strasser
Helga Struzenberger
Reinhold Tauber
Leo Wallner
Ingrid Weese
Gertraud Weik
Franz Welser - Möst
Silvia Wiesmair
Wolfgang Winkler
Walter Wippersberg
Friedrich Ch. Zauner
Roswitha Zauner
Walter Ziehlinger

AUTOREN UND QUELLEN

ACHLEITNER, FRIEDRICH
Autor und Hochschulprofessor für Archiktektur,
geboren 1930 in Schalchen,
lebt in Wien.
Seite 17:
„Ich bin stolz"
(c) Autor

AICHERN, MAXIMILIAN
Bischof von Linz,
geboren 1932 in Wien,
lebt seit 20 Jahren in Oberösterreich.
Seite 213:
„Aufgeschlossenes Land"
(c) Autor

AUER, LENA
Bürokauffrau,
geboren 1962 in Beirut/Libanon als Lena Babikian,
seit 1989 Österreichische Staatsbürgerin,
lebt in Sankt Florian.
Seite 30:
„Ein bisserl größer als der Libanon"
(c) Autorin

BELL, HERMANN
Konsul, Generaldirektor der Oberbank,
seit 1972 in Oberösterreich.
Seite 207:
„In ihren Bann gezogen"
(c) Autor

BRANDSTETTER, ALOIS
Autor und Universitätsprofessor,
geboren 1938 in Aichmühl, Pichl bei Wels,
lebt in Klagenfurt.
Seite 175:
„Mein Oberösterreich"
(c) Autor
Seite 217: „Attnang"
Aus: „Überwindung der Blitzangst"
(c) Residenzverlag

BÜCHE, KARL
Präsident der Oberösterreichischen Industriellenvereinigung,
seit 1993 Generaldirektor der Brau AG,
1946 in St. Veit/Glan geboren,
seit 27 Jahren in Oberösterreich.

Seite 247:
„Interview"
(c) Autor

BUCHSCHACHERMAIER, CHRISTIAN
Schriftsteller,
geb. 1946 in Wels, wohnt nach Aufenthalten in Wien, Ried im Innkreis jetzt in Moosbach, Bäckenberg in der Nähe von Altheim.
Seite 191:
„Land der stillen Seen"
(c) Autor

BÜRGER, HANS
ORF-Redakteur, 38 Jahre, aufgewachsen in Linz, arbeitet in Wien.
Seite 225:
„Wie eine Kontaktlinse"
(c) Autor

CHMELIR, RUDOLF
Herausgeber und Chefredakteur OÖ. Rundschau,
geb. 1945, lebt in Oberösterreich.
Seite 219:
„Heimat haben in Oberösterreich"
(c) Autor

CZEMPIREK, KLAUS
Konsul, Industrieller, Leiter des oö. EU-Büros in Brüssel,
geboren in Waizenkirchen, aufgewachsen in Haag am Hausruck, Schulbesuch in Linz.
Seite 41:
„Ubi bene, ibi patria"
(c) Autor

CZERNI, MARGRET
Autorin,
geb. 1926 in Wien, lebt in Linz.
Seite 152:
„Oberösterreich ist himmlisch"
(c) Autorin

ECKMAYR, EVA
Hausfrau/Büroangestellte,
29 Jahre, Gstöttenau/Pupping.
Seite 91:
„Wir waren immer steinreich"
(c) Autorin

EICHHORN, HANS
Berufsfischer, Schriftsteller,
geb. 1956 in Vöcklabruck, lebt in Neustift am Attersee und Kirchdorf an der Krems.
Seite 33:
„Am Attersee"
(c) Autor

EICHHORN, JOHANNES
Gymnasiast,
geb. 1988 in Ried in Innkreis,
wohnt in Neustift am Attersee und Kirchdorf an der Krems,
besucht das Stiftsgymnasium Schlierbach.
Seite 18:
„Das Hechtchen war schlauer"
(c) Autor

EICHMEYER, HANS JÖRG
Superintendent der Evangelischen Kirche A.B. Oberösterreichs,
geb. 1940 in Vöcklabruck.
Seite 215:
„Dahoam is dahoam"
(c) Autor

EIGNER, OKTAVIA
Volksschülerin,
geb. 1991 in Salzburg,
lebt seit 1999 nach Aufenthalten in Berlin und Olevano/Italien in Linz.
Seite 206:
„Da sehe ich die Lichter blinken"
(c) Autorin

ENGEL, BARBARA
Hausfrau,
38 Jahre, Wels.
Seite 133:
„Im Mittelpunkt zu leben"
(c) Autorin

FEICHTLBAUER, HUBERT
Journalist und Herausgeber,
geb. 1932 in Obernberg am Inn, Schulzeit in Ried im Innkreis, lebt in Wien.
Seite 25:
„In Freiheit gehen und heimgehen"
(c) Autor

FROSCHAUER, INGRID
Bilanzsachbearbeiterin,
20 Jahre, Rainbach bei Schärding.
Seite 155:
„Unser Land ist bunt"
(c) Autorin

FUSSENEGGER, GERTRUD
Schriftstellerin,
geb. 1912 in Pilsen,
lebt seit 1961 in Leonding.
Seite 167:
„Kleiner Versuch das Land zu orten"
(c) Autorin

GLECHNER, GOTTFRIED
Germanist, Altphilologe, Autor, geb. 1916 in Gurten bei Ried im Innkreis, unterrichtete als Lehrer in Kremsmünster, Ried und Braunau, lebt in Braunau am Inn.
Seite 39:
„Glückliches Oberösterreich"
(c) Autor

GRUBER, LIANE
Pensionistin,
57 Jahre, Vöcklabruck.
Seite 141:
„Fühle deinen Regen"
(c) Autorin

GATTERMANN, HIAS
Musiker und Textdichter.
Seite 44:
„Gstanzln"
Aus: Hans Peter Falkner
„1223 Gstanzln"
(c) Bibliothek der Provinz

GÖTZENDORFER, JOSEF
Rentner,
Jahrgang 1926, lebt in Gschwandt/Moosham.
Seite 107:
„Aber schon geht es weiter"
(c) Autor

GUPPENBERGER, GERTRAUD
Pensionistin,
geb. 1931 in Vöcklamarkt, lebt in Leonding.
Seite 61:
„Seelenbilderbuch"
(c) Autorin

HABRINGER, RUDOLF
Autor, Kabarettist, Musiker, geb. 1960 in Desselbrunn, lebt in Walding.
Seite 52:
„Hier bin ich fremd"
(c) Autor

HACKER, INGEBURG
Büroangestellte/Hausfrau,
44 Jahre, Pattingham.
Seite 130:
„Einheit in der Vielfalt"
(c) Autorin

HADWIGER, HEINZ HELMUT
Richter i. R.,
geb. 1941 in Wien, lebt in Linz und Weitersfelden.
Seite 93:
„Granitmenschen"
(c) Autor

HEINRICH, FRANZ JOSEF
Autor,
geb. 1930 in Linz, lebt in Linz.
Seite 23:
„Oberösterreich"
(c) Autor

HOFMANN, MAX
Schüler,
10 Jahre, Wels.
Seite 116:
„Wir bauen uns eine kleine Hütte"
(c) Autor

HOFMANN, KAROLINE
Schülerin,
8 Jahre, Wels.
Seite 118:
„Das Ross Max"
(c) Autorin

HOLZER, STEFANIE
Autorin,
geb. 1961 in Ostermiething,
lebt in Innsbruck.
Seite 122:
„Gumping"
Aus: „Gumping"
(c) Deuticke

HUMMELBRUNNER, LEOPOLD
Industriekaufmann,
geb. 1941 in Vorchdorf,
lebt in Vorchdorf.
Seite 97:
„In jeder Geschmacksrichtung"
(c) Autor

KAIN, FRANZ
Autor,
1922 geboren in Bad Goisern,
1997 in Linz gestorben.
Seite 109:
„Serbenlinde und Hollandtulpen"
Aus: „Serbenlinde und Hollandtulpen"
(c) Margit Kain

KLEINSCHMIDT, KARL
Autor und Leiter des literarischen Referates im Kulturamt Linz 1952-1973,
geboren in Ybbs an der Donau 1913, gestorben 1984,
lebte seit frühester Jugend in Linz.
Seite 235:
„Linz-Bildnis einer Stadt"
Aus: „Linz-Bildnis einer Stadt"
(c) Ennsthaler

KINAST, MARIA
Hausfrau,
geb. 1939, Langwies/Zipf.
Seite 114:
„In das kommende Jahrtausend"
(c) Autorin

KÖPPL, HANS
Chefredakteur Oberösterreichische Nachrichten,
lebt seit 1968 in Oberösterreich.
Seite 221:
„Ein Suchender zu Hause"
(c) Autor

KOHL, WALTER
Autor und Journalist,
geb. 1953 in Linz,
lebt in Puchenau.
Seite 232:
„heimatland. ein hund sein herr"
(c) Autor

KRAUTGARTNER, MONIKA
Haufrau und Mutter,
38 Jahre, Kirchheim im Innkreis.
Seite 142:
„Geh nach Ried, Frau!"
(c) Autorin

KUMPFMÜLLER, HANS
Autor,
geb. 1953, lebt in Obernberg am Inn.
Seite 28:
„mia owaösdareicha"
(c) Autor
Seite 76:
„Stiefmutterland & Großvatersprache"
(c) Bibliothek der Provinz

LAHER, LUDWIG
Autor,
geboren 1955 in Linz,
lebt in Sankt Pantaleon.
Seite 47:
„Oberösterreichische Tuchenten"
(c) Autor

LEEB, HUBERT
Priester, Missionar,
geboren in Grieskirchen,
60 Jahre, lebt in Brasilien.
Seite 195:
„Im Mittelpunkt zu leben"
(c) Autor

LEHNER, DIONYS
Konsul,
seit 22 Jahren in Oberösterreich.

Seite 34:
„Wege der Dynamik"
(c) Autor

LEHNER, JOSEF
Journalist,
geboren 1953 in Taiskirchen bei Ried im Innkreis,
lebt in Puchenau.
Seite 87:
„Sauheitere Kuhhaut"
In: Walter Wippersberg(Hg): Oberösterreich
(c) Landesverlag

LICHTENAUER, FRITZ
Autor,
geboren 1946 in Vichtenstein,
lebt in Linz.
Seite 55:
„oö mobil"
(c) Autor

LOIDL, CHRISTIAN
Autor,
geboren 1957 in Linz, lebt in Wien.
Seite 178:
„Grosse Welt"
Aus: „weisse rede", 1990
(c) Autor

MACHEINER, DOROTHEA
Autorin,
geb. 1943 in Linz, aufgewachsen in Steinbach am Attersee.
Seite 125:
„Nixenfall"
Aus: „Nixenfall"
(c) Wiener Frauenverlag

MAIRINGER, HANS DIETER
Autor und Lehrer an der Pädagogischen Akademie der Diözese Linz,
geb. 1943 in Linz,
lebt in Sankt Georgen an der Gusen.
Seite 181:
„Das, was uns leben läßt"
(c) Autor
Seite 253:
„Die vier Viertel"
(c) Veritas

MAYERHOFER, MARIA
Hausfrau,
58 Jahre,
Ramerding/Gmunden.
Seite 149:
„Der Kaiser Franz Josef"
(c) Autorin

MENDE, GERTRUD SYBILLE
Autorin,
geboren in Linz,
lebt in Uffing am Staffelsee in Deutschland und in Südfrankreich.
Seite 127:
„Eine Jugend in Österreich"
Aus: „Sandgasse 7. Eine Jugend in Österreich"
(c) Langen Müller

MITGUTSCH, ANNA
Autorin,
geb. 1948 in Linz,
arbeitet und lebt abwechselnd in den USA und Linz.
Seite 128:
„Haus der Kindheit"
Aus: „Haus der Kindheit"
(c) Autorin [Luchterhand]

NEUDORFER, IRMGARD
Sekretärin,
arbeitet in Vöcklabruck in einem Sozialzentrum,
40 Jahre, lebt in Regau.
Seite 112:
„Vül mehr Rosn in mein Leben"
(c) Autorin

NEULINGER, MARIA
Kindergartenpädagogin,
45 Jahre alt, Schenkenfelden.
Seite 160:
„Zu jeder Tageszeit"
(c) Autorin

OBERMAYR, HELMUT
Leiter Abteilung Religion, ORF,
geb. 1949 in Kirchdorf an der Krems,
arbeitet in Wien, wohnt in Wien und Traun.
Seite 120:
„Heimat im Widerspruch"
(c) Autor

OBERNDORFER, PETER
Jurist, Richter am Verfassungsgerichtshof.
Seite 171:
„Musterland"
(c) Autor

PILAR WALTER
Schriftststeller, Graphiker,
„Rauminstallatör & KunstWandwerker",
geb. 1948 in Ebensee, lebt in Linz und Langwies.
Seite 223:
„linzerum"
Aus: „Augen auf Linz"

(c) Autor [Veritasverlag 1990]
Seite 224:
Aus: „Eingelegte Kalkeier"
(c) Autor [Kollektion Dieter Scherr, Wien 1993]

PITTERTSCHATSCHER, ALFRED
ORF-Literaturredakteur,
geb. 1954 in Salzburg, arbeitet seit 1982 in Oberösterreich, lebt in Thürnau, Kirchberg-Thening.
Seite 228:
„Windrose, Kompass"
(c) Autor

PUM, HANS
Trainer und Alpin-Direktor des Österreichischen Skiverbands, gebürtiger Mühlviertler, aufgewachsen in Sankt Oswald.
Seite 189:
„Wannst net fortmuaßt ..."
(c) Autor

RAINBACHER, ERICH
Obmann „Verein der Oberösterreicher in Wien", lebt in Wien.
Seite 242:
„Orientierung fürs Leben"
(c) Autor

RATZENBÖCK, JOSEF
Alt-Landeshauptmann,
geb. 1929 in Neukirchen am Walde, Bezirk Grieskirchen, 1977-1995 Landeshauptmann von Oberösterreich.
Seite 72:
„Das oberösterreichische Klima"
In: „Startbahn"
(c) Autor

RECHEIS, KÄTHE
Schriftstellerin,
geb. 1928 in Engelhardtszell, lebt in Hörsching und in Wien.
Seite 80:
„Unser Dorf und der Krieg"
Aus: „Lena - Unser Dorf und der Krieg"
(c) Herder
Seite 170:
„Mein Dorf"
(c) Autorin

RIEDL, JOHANNES
Präsident des oberösterreichischen Landesschulrats,
geb. 1937 in St. Georgen an der Gusen.
Seite 89:
„Eine Kraft in den Mitten"
(c) Autor

RIEGER, FRANZ
Autor und Bibliothekar i. R.,
geb. 1923 in Riedau,
lebt in Oftering.
Seite 103:
„Landnahme"
(c) Autor

ROHRHOFER, FRANZ
Chefredakteur Neues Volksblatt, bis 1996 Chefredakteur des ORF-Landesstudios Oberösterreich,
geb. 1938 in Linz.
Seite 37:
„Ein reizvolles Kontrastprogramm"
(c) Autor

SALOMON, MARTINA
Journalistin „Der Standard", aufgewachsen in Traun, lebt seit 17 Jahren in Wien.
Seite 158:
„Alltägliche Sprachverwirrung"
(c) Autorin

SCHACHERREITER, CHRISTIAN
Autor und Lehrer an Linzer Gymnasien,
geb. 1954 in Linz, wohnt in Gallneukirchen und arbeitet in Linz.
Seite 20:
„Dieser mir durch Herkunft zugewiesene Raum, aus dem ich keinen Ausgang finden wollte"
(c) Autor

SCHASCHING, JOHANNES, SJ
Katholische Sozialakademie Österreichs,
geb. 1917 in St. Roman, Bez. Schärding, aufgewachsen in Oberösterreich.
Seite 163:
„Muadaleib"
(c) Autor

SCHARINGER, LUDWIG
Generaldirektor der Raiffeisen Landesbank Oberösterreich,
geb. 1942 in Arnreit,
lebt in Linz-Magdalena.
Seite 64:
„Der oberösterreichische Weg"
(c) Autor

SCHÖNY, WERNER
Primar,
arbeitet als ärztlicher Leiter der oberösterreichischen Landesnervenklinik,
lebt in Linz.

Seite 56:
„Abwechslungsreich und schön"
(c) Autor

SCHREINER, MARGIT
Schriftstellerin,
geb. 1953 in Linz, lebt nach Aufenthalten in Tokio, Berlin, Italien in Linz.
Seite 79:
„Die Bindermichler"
Aus: „Die Rosen des Heiligen Benedikt"
(c) Autorin [Haffmans]

SCHWAIGER, BRIGITTE
Autorin,
geb. 1949 in Freistadt,
lebt in Wien.
Seite 24:
„Mein spanisches Dorf"
(c) Autorin [Zsolnay]

SEIDLHOFER, WALTRAUD
Autorin,
geb. 1939 in Wels,
lebt in Thalheim bei Wels.
Seite 35:
„...jedenfalls das fliessen"
(c) Autorin

SILMBROD, KERSTIN
Schülerin,
10 Jahre, Aurach am Hongar.
Seite 99:
„Ich bin so gerne in Oberösterreich"
(c) Autorin

SILMBROD, STEFANIE
Schülerin,
11 Jahre, Aurach am Hongar.
Seite 100:
„Im Mittelpunkt zu leben"
(c) Autor

SOHMEN, HELMUT
Unternehmer, Großreeder,
Präsident der Sohmen-Fernost-Stiftung,
gebürtiger Linzer,
lebt in Hongkong.
Seite 66:
„Begriff in der internationalen Wirtschaft"
(c) Autor

STEIDL, BERNHARD
Schüler aus Helfenberg,
15 Jahre.
Seite 151:
„Ruhe"
(c) Autor

STEINWENDTNER, BRITA
Autorin und Rundfunk-journalistin,
geb. 1942 in Wels, aufgewachsen in Hinterstoder und Steyr, lebt in Salzburg.
Seite 244:
„Rote Lackn"
Aus: „Rote Lackn"
(c) Haymon

STELZHAMER, FRANZ
Schriftsteller,
1802 in Pattigham geboren, gestorben 1874.
Seite 248:
„Die Dorfschule"
(c) Arkade
Seite 231:
„Landeshymne"
(c) rechtefrei

STIFTER, ADALBERT
Schriftsteller und Schulinspektor,
geb. 1805 in Oberplan, Böhmen, gestorben 1868.
Seite 240:
„Meine innigst geliebte Gattin"
In: Christian Thanhäuser (Hg): „Ottensheim in der Literatur"
(c) Edition Thanhäuser

STOCKINGER, HEIDE
Autorin,
geb. 1941 in Wien,
lebt seit 1948 in Linz.
Seite 135:
„Eine oberösterreichische Biographie"
(c) Autorin

STRAHAMMER, PETER
Generaldirektor Vöest Alpine AG,
geboren in Wels, aufgewachsen im Mühl- und Innviertel, Schulzeit in Pasching und Linz.
Seite 68:
„Heimat Oberösterreich"
(c) Autor

STRASSER, LEO
Sportredakteur der Oö. Nachrichten,
geb. 1928 in Sankt Valentin.
Seite 184:
„Olympische Höhenflüge"
(c) Autor

STRUZENBERGER, HELGA
Angestellte,
57 Jahre, Linz.
Seite 95:
„Es war überall schön"
(c) Autorin

TAUBER, REINHOLD
Kulturredakteur
Oö. Nachrichten,
geb. 1941 in Wien, seit 1949 in Linz, lebt in Kirchschlag.
Seite 209:
„Leben auf Stein"
Aus: „Reinhold Tauber: Mühlviertel"
(c) Landesverlag/Autor

TUMLER, FRANZ
Schriftsteller,
geb. 1912 in Gries bei Bozen, lebte in Linz,
Altmünster, Hagenberg, gestorben 1998 in Berlin.
Seite 251:
„Sätze von der Donau"
Aus: „Sätze von der Donau"
(c) Sigrid John-Tumler

WALLNER, LEO
Generaldirektor Casinos Austria AG,
geb. im Amstetten, Schulzeit in Aschach an der Steyr.
Seite 124:
„Einzigartiger Anblick"
(c) Autor

WEESE, INGRID
Hausfrau,
Jahrgang 1945, geboren in Nikolsburg/NÖ,
Schulzeit und Jugend in Neumarkt im Mühlkreis, lebt in Linz.
Seite 165:
„Das schönste Land"
Originalbeitrag
(c) Autorin

WEIK, GERTRAUD
Optikerin,
geb 1973,
Neukirchen/Lambach.
Seite 105:
„Freundlich und nett"
(c) Autorin

WELSER-MÖST, FRANZ
Dirigent,
gebürtiger Linzer, Jahrgang 1960, lebt derzeit in Zürich, Chefdirigent Cleveland Orchestra (ab 2002), ab 1990 Chefdirigent des London Philharmonic Orchestras und seit 1995 Chefdirigent des Zürcher Opernhauses.
Seite 201:
„Mein inneres Zentrum"
(c) Autor

WIESMAIR, SILVIA
Schülerin,
13 Jahre, lebt in Schleißheim bei Wels.
Seite 148:
„Auf Blumenwiesen"
(c) Autorin

WINKLER, WOLFGANG
Seit 1998 Künstlerischer Direktor Brucknerhaus/LIVA,
geb. 1945 in Graz,
lebt in Linz-Urfahr.
Seite 50:
„Linz an der Tramway"
(c) Autor

WIPPERSBERG, WALTER
Autor und Hochschulprofessor,
geb. 1945 in Steyr, lebt in Losenstein und Wien.
Seite 202:
„Landschrift"
Aus: „Landschrift"
(c) Autor[Landesverlag]

ZAUNER, FRIEDRICH CH.,
Autor,
geb. 1936 in Rainbach bei Schärding, lebt ebendort.
Seite 254:
„Epilog"
In: Friedrich Ch. Zauner
„Oberösterreich"
(c) Autor [Pinguin-Verlag]
Seite 193:
„Ehrenbürger"
(c) Autor

ZAUNER, ROSWITHA
Autorin,
geb 1938 in Peuerbach, lebt in Rainbach bei Schärding.
Seite 70:
„Meine Liebe, mein Land"
Aus: „Meine Liebe, mein Land"
(c) Autorin [Landesverlag]

ZIEHLINGER, WALTER
Kaufmännischer Angestellter,
geb 1943 in Linz, lebt in Linz.
Seite 144:
„Ziemlich am Rand"
(c) Autor

ORTSVERZEICHNIS

IMPRESSUM

HERAUSGEBER: Landeshauptmann Dr. Josef Pühringer
REDAKTIONELLE BERATUNG: Mag. Alfred Pittertschatscher

PROJEKTLEITUNG: Mag. Michael Strugl
KOORDINATION: Markus Spannring
TEXTERFASSUNG: Manuela Tschernuth, Silvia Aigner, Heidi Ferner, Karoline Kitzmüller
GRAFISCHE GESTALTUNG, UMBRUCH: Zoffel•Hoff•Partner Werbeagentur Linz - insbesondere Christian Naderer, Mag. Harald Schindelka, Wolfgang Steiger
UMSCHLAGBILD: Josef Neumayr, Pichl/Wels
DRUCK UND VERLAG: Rudolf Trauner, Linz

Rechtschreibung und Interpunktion folgen jeweils der Manuskriptvorlage der Autoren.

ISBN: 3 85487 121 X

(c) 2000 – Alle Rechte vorbehalten!

Für sämtliche Originalbeiträge verbleiben die Rechte bei den Autoren. Für mit freundlicher Genehmigung der Verlage und Autoren aus Publikationen entnommene Ausschnitte sind die Rechte aus der Quellenangabe auf Seite 275ff. ersichtlich.